INTERSTICIOS:

Lecturas críticas de obras hispánicas

Para Julio con mi amistad

Alicia Borinsky

INTERSTICIOS

Lecturas críticas de obras hispánicas

Cuadernos del Centro

24

Centro de Investigaciones Lingüístico-Literarias
Instituto de Investigaciones Humanísticas
UNIVERSIDAD VERACRUZANA

Primera edición, 1987

Centro de Investigaciones Lingüístico-Literarias
Instituto de Investigaciones Humanísticas
Apartado Postal 369
91000 Xalapa, Veracruz, México

Impreso y hecho en México

ISBN: 968-834-063-4

para Jeffrey, Natalia, Ezra

PRESENTACION

Los textos aquí reunidos obtienen su derecho de convivencia de una manera arbitraria pero inevitable. La soberbia de todo collage reside en la voluntad caleidoscópica que, al presentarse en un enmarque, desdice la libertad de las partes, las somete al juego de una familiaridad implacable.

He querido suscitar un aire de familia entre las obras que animan las reflexiones de este volumen. No se trata de la domesticación por analogías temáticas; afinidades estilísticas o esas coincidencias que a veces se enmascaran bajo el nombre de Historia. Mis "modelos" son otros: se dejan vislumbrar en las cajas de Joseph Cornell, conciliación de fragmentos de periódico, polvorientos frascos de farmacia, residuos de experiencias que no quieren ser completamente borradas; en el subterráneo orden de los almanaques a la Cortázar; en la modesta insistencia de la filosofía en tantos tangos de Discépolo.

¿Qué hace un discurso cuyo paradójico objetivo es mostrar el desmembramiento de sus partes? Es libertad dosificada donde la perspectiva teórica se da como rendija. Un cierto nerviosismo recorre estas páginas, lectoras de otras páginas. El volumen en su conjunto está alentado por una voluntad persuasiva que, sin embargo, no osa mostrarse con un solo rostro, elegir entre las numerosas voces que componen su registro.

El ritmo de ejecución de las posibilidades de esta reunión es detenido. En una lectura ideal, cada obra comentada aquí tendría que parecer estar citando a otra; cada momento interpretativo tendría que confundirse al ser interpenetrado por los demás.

Intento, así, la teoría literaria como *efecto* en un lector deliberadamente abierto a las celebraciones de la casualidad, militante en contra de los autoritarismos que dividen la creación de la crítica, la teoría de sus multiformes espejismos.

APORIAS DE LA VOZ

ESTRATEGIAS DE IDENTIDAD EN EL LICENCIADO VIDRIERA

' *Licenciado Vidriera*[1] de Cervantes se presenta ante el lector "contempo-
neo"[2] como un esqueleto que figura el ejercicio de interlocución. Una in-
nsa meditación sobre la identidad personal en el tiempo figura los límites
ıtre *palabra de vida* y *palabra vacía*. La economía del diálogo con el otro
los términos por los cuales la alteridad se torna inalcanzable dan coheren-
ı a un texto que ha sido descrito como deshilvanado en otras ocasiones.

ıTURO/EL ORIGEN

'aseándose dos caballeros estudiantes por las riberas de Tormes, halla-
n en ellas, debajo de un árbol, durmiendo, a un muchacho de hasta edad
: once años, vestido como labrador. Mandaron a un criado que le desper-
se; despertó y preguntáronle de adónde era y qué hacía durmiendo en
uella soledad. A lo cual el muchacho respondió que el nombre de su tierra
le había olvidado, y que iba a la ciudad de Salamanca a buscar un amo a
ıien servir, por solo que le diese estudio. Preguntáronle si sabía leer; res-
ındió que sí, y escribir también.
"Sea lo que fuere —respondió el muchacho—: que ni de ella ni el de mis
ıdres sabrá ninguno hasta que yo pueda honrarlos a ellos y a ella" (p. 43).

Rodaja es, entonces, *nadie* desde su propio punto de vista. La identidad
ıe le conviene está en el futuro. Sus propios ojos no la definirán. Serán
s otros, aquellos que aprecien su sabiduría, quienes dirán su nombre y pro-
:nencia con la calidad de un *reconocimiento*. Para Tomás, ser conocido
ser *reconocido*. Su nombre (es decir, su familia) existe como un logro que

[1] Todas las citas se hacen de acuerdo con la edición de las Novelas *Ejemplares* de
litorial Cátedra (Madrid: 1980).

[2] ¿Qué lector no es un lector contemporáneo? podríamos preguntar siguiendo la radi-
l actitud borgiana que tan productivamente suscita su práctica del anacronismo literario.
referencia al lector contemporáneo aquí apunta más estrictamente hacia la figura de un
:tor interesado por el aspecto estructural del texto y la manera en que en él se plantean
s límites de su propia representación. Se trata de una preocupación por la teoría de len-
aje implicada en todo acto lingüístico.

debe permanecer secreto antes de su consecución. El futuro de Tomás condición de existencia de su pasado.

La primera parte de El Licenciado Vidriera narra las compañías Tomás. Su buen tino y excelente memoria lo convierten en un excelente e tudiante, soldado y testigo de aquello que lo rodea. Su capacidad de co trolar su propio comportamiento es un factor esencial en esta etapa de figuración como personaje. El texto señala repetidamente que Tomás sa adónde va: "Sucedió que se llegó el tiempo que sus amos acabaron sus e tudios y se fueron a su lugar, que era una de las mejores ciudades de And lucía. Lleváronse consigo a Tomás, y estuvo con ellos algunos días; pe como le fatigasen los deseos de volver a sus estudios y a Salamanca —q enchiza la voluntad de volver a ella a todos los que de la apacibilidad su vivienda han gustado— pidió a sus amos licencia para volverse. Ell corteses y liberales, se la dieron" (p. 44). Más tarde:

"—Eso sería —dijo Tomás— ir contra mi conciencia y contra la d señor capitán; y así más quiero ir suelto que obligado.

"—Conciencia tan escrupulosa —dijo don Diego— más es de religio que de soldado; pero como quiera que sea, ya somos camaradas" (p. 46 La bondad de Tomás no lo pone a cubierto de dudas; en esta parte del tex su ser personaje es un ejercicio que se desarrolla con elementos que le oto gan profundidad. El lector es testigo de una fisonomía intelectual person producida por la capacidad y agonía de la elección entre diversas altern tivas. El mecanismo por el cual Tomás se relaciona con los otros es la p labra, el lenguaje que sirve como puente y que —peligrosamente— al ace carlo al otro puede inducirlo al peligro: "Puso las alabanzas en el cielo la vida libre del soldado y de la libertad de Italia; pero no le dijo nada d frío de las centinelas, del peligro de los asaltos, del espanto de las batalla de la hambre de los cercos, de la ruina de las minas, con otras cosas este jaez, que algunos las toman y tienen por añadiduras del peso de soldadesca, y son la carga principal della. En resolución, tantas cosas dijo y tan bien dichas, que la discreción de nuestro Tomás Rodaja comen a titubear y la voluntad a aficionarse a aquella vida, que tan cerca tiene la muerte" (p. 45).

Estos son los términos en los cuales Tomás vive. Puede ser engaña como se ve en el fragmento citado, aun sin que intervenga la voluntad engaño ya que su problema es, acaso, no entender aquello que algun creen es simple añadidura del peso de la vida de soldado. Tomás es cap de *padecer* su destino de interlocutor. Tiene cierta capacidad de control sus palabras y las ajenas (por medio de la adecuada comprensión de aqu llo que representan) pero puede ser persuadido por razones que no domi ni entiende completamente. Tomás es un hablante cuya interacción con alteridad dibuja la figura de un equilibrio destinado a la comprensión d mundo. Todo aquello que hace Tomás es parte de un aprendizaje: quie ver. Su ser personaje es casi sinónimo de su ser testigo. Tomás se prepa para aquel futuro en el cual implícitamente habrá desplegado la excelenc de su nombre por medio de viajes y estudios. El equilibrio de su personaje es una suerte de ventana a través de la cual el lector aprecia las características del mundo por el cual Tomás transcurre exitosamente. ¿En qué radica el éxito de Tomás? Aquello que percibimos como la ecuación entre su individualidad y lo que lo rodea. El hecho de que el mundo sea un campo de estudio para Tomás no lo aparta de él en esta parte de la obra. Por el contrario, lo acerca como partícipe. La llave de su participación es la sucesión de amistades que lo lleva de un lugar a otro. Tomás es presentado como alguien que logra ser incluido en el mundo de los estudios y de la soldadesca gracias a las relaciones de diálogo que entabla con otros personajes. Tomás es percibido como *uno de ellos* o como quien puede devenir uno de ellos. Ve el mundo de la soldadesca como soldado y el de estudiante como estudiante y servidor. Su forma de conocimiento es eminentemente participatoria. El método que sigue es el de cambiarse a sí mismo asimilándose a sus amistades para volver, después, a apartarse habiendo recibido los beneficios del intercambio.[3] La economía descripta no revela cálculo en Tomás. El lector lo percibe como eminentemente dotado para la vida; entendida aquí como participación consciente en universo que articula su conocimiento en el ejercicio de amistades viriles desinteresadas. Los vínculos que Tomás logra formar son profundos y las despedidas no dejan lugar a dudas de cuánto hay en su relación con sus acompañantes: "Y habiendo cumplido con el deseo que le movió a ver lo que había visto, determinó volverse a España y a Salamanca a acabar sus estudios, y como lo pensó lo puso luego por obra, con pesar grandísimo de su camarada, que le rogó, al tiempo de despedirse, le avisase de su salud, llegada y suceso" (p. 51).

Dolor, camaradería, felices encuentros y despedidas que dejan pendiente una continuación de la amistad en otras circunstancias... Tal es el mundo de Tomás Rodaja. En él su sabiduría va elaborándose como fenómeno de interlocución. Su palabra lo acerca y lo aleja, lo define y al hacerlo, tiende aquel puente que anuncia como necesario al principio del texto. Su control del futuro que le guarda lo acerca a la confirmación de sus orígenes. El lenguaje se despliega para el encuentro de su nombre.

PRESENTE: LA FRAGILIDAD DEL CONOCIMIENTO

El equilibrio feliz de los intercambios que convienen al proyecto de adquirir una historia propia (puesto que tal es la motivación que anima la idea de elaborar un futuro para controlar el origen) se apoya en una cierta pre-

[3] Este ejercicio ofrece, como sucede a menudo durante el Renacimiento, la noción de que la amistad viril y el conocimiento son compatibles y hasta necesarios. Es una visión dialéctica cuya feliz realización conlleva una actitud política bastante complaciente. Los momentos en los cuales la relación no funciona son, acaso, los más interesantes porque como en *El Licencaido Vidriera* sirven para denotar las articulaciones sociales que las hacen posibles.

servación de la identidad con respecto al vértigo del presente. En la primera parte de la novela, Tomás maneja su propia inclusión en el mundo y logra protegerse de accidentes, es decir aquella dimensión temporal capaz de construir hechos que, vueltos sobre el participante, lo enfrentan a sí mismo sin autoridad para controlarlos ni entenderlos completamente. El armónico proceso de las amistades viriles dedicadas a la perfección de los fines que las inspiran es roto por un hechizo que perpetra una mujer con la intención de entrar en el universo de Tomás. Su amor por Tomás es descripto como distracción del mundo del conocimiento y ella como mala perdedora: "Finalmente, ella le descubrió su voluntad y le ofreció su hacienda. Pero como él atendía más a sus libros que a otros pasatiempos, en ninguna manera respondía al gusto de la señora, la cual viéndose desdeñada y, a su parecer, aborrecida y que por medios ordinarios y comunes no podía conquistar la roca de la voluntad de Tomás, acordó de buscar otros modos a su parecer más eficaces y bastantes para salir con el cumplimiento de sus deseos. Y así aconsejada de una morisca, en membrillo toledano dio a Tomás uno destos que llaman hechizos, creyendo que la daba cosa que le forzase la voluntad a quererla: como si hubiese en el mundo yerbas, encantos ni palabras suficientes a forzar el libre albedrío. . ." (p. 51). El accidente —la irrupción de algo no planeado— precipita a Tomás a su nueva encarnación, la de una locura en la cual se cree hecho de vidrio ¿Qué significa dentro del contexto de la identidad en secuencias temporales que Tomás se crea hecho de vidrio? Mientras que en la primera parte de nuestra reflexión su identidad estaba ligada al logro de sus orígenes (la confirmación, algún linaje presumiblemente honorable debido a sus muchas virtudes conseguidas con esfuerzo), después del fracasado hechizo una nueva dimensión temporal signa el registro de su lenguaje. Tomás Licenciado Vidriera es efectivamente frágil. Algo muy importante se ha quebrado ya. Acaso el mayor padecimiento que tiene es su ignorancia, en tanto personaje, de lo que le ha acaecido. Privado de objetivo, sin otra seguridad que la del nombre que le han dado: Licenciado Vidriera, Tomás ha perdido la aspiración de conocer reconociéndose, el buscar para encontrarse en su conocimiento del universo y lograr, así, una identidad. Sin futuro, no tiene tampoco raíces que descubrir.

Paradógicamente, sin embargo, es en esa intensa pérdida que Tomás logra una definición ante los otros que lo distingue, le gana un público y lo convierte en objeto apetecible para el estudio. La sorna y el interés admirativo que causa su presencia son confirmación de que Tomás descontrolado es, para los otros, aquello que el universo había sido para él: objeto de conocimiento y curiosidad. La novela parece haber querido desplazar las funciones que Tomás tiene en la narración para ponerlo —literalmente— *en la vidriera.*

De personaje lector o estudioso del universo pasa a ser personaje leído. Su presente, su abismal desconocimiento de sus motivaciones, le da interés pero lo figura sin otro futuro que el de la repetición, por acumulación, de lo mismo. Su mismidad, la homogeneidad de su comportamiento, no es otra cosa que el decir de su identidad. Fijado en la vidriera de su propia locura, Tomás exige una coherencia de parte de su público. Su necesidad de mantenerlos apartados es condición de posibilidad de su identidad. El vidrio es simultáneamente coraza que lo resguarda de ser absorbido por los otros manteniéndolo en su calidad de diferente y también cifra de la difícil manutención de esa economía. Licenciado Vidriera es un nombre que le da identidad en tanto sufrimiento. ¿Qué tiene el Licenciado Vidriera? ¿De qué padece? Su enfermedad es un desplazamiento temporal. En lugar de buscarse en el futuro, está fijado en el presente debido a una ruptura en sus planes provocada por el hechizo femenino.[4] Tomás ha sido brutalmente arrancado de su proyecto inicial (ser digno de su nombre) para ser rebautizado en un acto colectivo que en lugar de iluminar sus orígenes lo expone sin explicarlo. Su tiempo es presente. Su nombre, la figuración y confirmación cotidiana de los términos de su enfermedad. El Licenciado Vidriera se vuelve digno de su nombre con facilidad. De la incredulidad, quienes entran en relación con él pasan al respeto; "—Hermano Licenciado Vidriera que así decía él que se llamaba—, más tenéis de bellaco que de loco" (p. 55); "—Sepa el señor licenciado Vidriera que un gran personaje de la Corte le quiere y envía por él" (p. 56)...

Una vez fijada la economía del diálogo, el Licenciado Vidriera habla a quienes le interpelan con una abundancia de palabras y dichos que sólo indirecta o brevemente se presentan en las otras partes del texto. Antes de convertirse en Licenciado Vidriera, el lector no tiene demasiadas indicaciones directas de la marcha de los estudios de Tomás en el sentido de sus efectos en la interacción cotidiana. Debe confiar en las aseveraciones del narrador y en algunas esporádicas muestras que da Tomás, sobre todo en los momentos en que decide cambiar de un destino a otro: ir de la universidad a la soldadesca (es decir que el lenguaje presentado es eminentemente instrumental y sirve para revelar su control de los mecanismos por los cuales se relaciona con los demás). El Licenciado Vidriera tiene una lógica de interlocución distinta. Paradógicamente, es la que más se aproxima a la noción ingenua de diálogo. Alguien le pregunta algo y él responde. El propósito de cada una de las instancias de la conversación varía con el hablante que le toca en suerte; lo que se mantiene intacto es el sistema que sugiere dos polos para que la interlocución sea posible. Aquí el Licenciado da muestras del ingenio y de los componentes de sabiduría de su formación intelectual. Las palabras se refieren a hechos acaecidos que afectan la existencia de quienes a él se dirigen; sus respuestas se basan en la información otorgada por los otros. Es una esquemática muestra de práctica conversacional. Esta parte de la novela da una impresión de dinamismo debido a la

[4] El hechizo femenino, por equivocación, *ha construído* una virginidad para El Licenciado. El rechazo del amor físico y/o espiritual de la mujer se convierte en huída de *todo* contacto. La locura es, así, desmesura. Si en la parte anterior existía la armonía dialéctica, en ésta lo opuesto ha triunfado.

abundancia de citas directas. Las voces de los hablantes irrumpen en el texto gracias a la locura del Licenciado Vidriera. Es como si, al volverse loco, Tomás hubiera abierto una caja de resonancia donde aquella sabiduría acumulada en sus estudios entra a formar parte de una corriente colectiva. Es precisamente la característica colectiva del habla la que termina por reinscribir (cambiar de signo) el dinamismo observado en esta parte del texto. Al hablar, el Licenciado Vidriera se muestra inmerso en un tiempo que no puede ya ser percibido como cadena. El hilo narrativo por el cual se convertía a sí mismo en pivote entre su pasado y su futuro (su fisonomía como Tomás Rodaja) ha sido dividido en infinitos filamentos. En lugar de ser utilizadas para el progreso del conocimiento en el contexto de amistades viriles hábilmente estructuradas, sus palabras, quebradas por el accidente, acceden a un nivel de intercambios que podríamos llamar capilares para nombrar un espacio en el cual el lenguaje, desgajado de un proyecto que le de sentido individual, se descompone en la multiforme y estática repetición de los polos que le hacen posibles. Dinamismo dado por la frescura de la cita (palabra de vida) y, simultáneamente, estatismo de aquello que no progresa hacia ningún fin. Tal es el presente dictatorial que caracteriza la repetición en el habla suscitada por la figura del Licenciado.[5] ¿Cómo es la relación del licenciado con su prójimo comparada con la de Tomás Rodaja? Mientras que los otros (la alteridad) en el caso de Tomás Rodaja aparecen como paso, instrumento, camaradería, estaciones predicadas en tanto proyección hacia el futuro, ayudas para la consecución del nombre propio, el prójimo es fundamental para el licenciado Vidriera. Es condición de su ser de vidrio. El prójimo es su nombre. Sin los otros el mayor factor de su especificidad desaparece: el miedo. Ser de vidrio es nombrarse por el miedo de ser quebrado. Para que el temor conserve su sentido es fundamental que los otros estén presentes confirmando el valor de la previsión, acatando las fronteras que el licenciado propone como posibilitando sus palabras. Tenazmente colectivo, su nombre establece la voluntad de definirse por la relación con los demás y sería innecesaria precaución sin su existencia. Así, la fragilidad del vidrio da solidez al nombre que establece la forma de interacción entre el licenciado y su prójimo. Mientras que Tomás Rodaja encuentra el equilibrio de la amistad en la despedida, el licenciado Vidriera no conoce otra política de autorresguardo que la de recordar permanentemente la ruptura posible y la ya realizada: "Acuérdaseme que cuando yo era hombre de carne, y no de vidrio, como ahora soy..." (p. 63). Para nombrarse en la anécdota debe ponerse fuera de ella. Su alteridad es su propio cuerpo; la despedida más honda es aquella que intensifica cada vez que se nombra licenciado Vidriera; la identidad que quería alcanzar en la primera parte como exitosa coronación de lo

[5] Acaso sea esta la figuración más intensa de la difícil distinción entre buena y mala repetición (poesía por un lado, y locura o aburrimiento por otro) que tanto obsesionó a Kierkegaard. Como Octavio Paz sugiere en su noción del instante perpetuo, lo poético como efecto se sitúa en una relación permanentemente móvil entre estas dos alternativas.

lineal es un origen escindido de su presente. . . "no de vidrio como ahora soy". . . el conocimiento de la propia identidad.

Mientras que Tomás Rodaja tiene una concepción progresista del logro de su identidad, el licenciado Vidriera habla desde el conocimiento de su nombre, el tiempo de su identidad es presente listo para quebrarse si el difícil sistema de interlocución que ha establecido se rompiera. En lugar de camaradería, miedo. En vez del aprendizaje a través de los otros, la palabra como respuesta que pide no afectar al hablante. La integridad personal aparece como frágil integridad corporal. El accidente que precipita su locura, hace que el licenciado Vidriera se defina por el peligro de repetirlo. Necesita de los otros para la reafirmación de su persona como permanente vigilante de sus límites.

El licenciado Vidriera tiene sentido del humor. Se burla, condena ciertos comportamientos. Uno de los componentes importantes que su humor deja en pie, es la noción de verdad. El licenciado cuenta historias de engaños frustrados: "Una vez contó que una doncella discreta y bien entendida, por acudir a la voluntad de sus padres, dio el sí de casarse con un viejo todo cano, el cual la noche antes del día del desposorio fue, no al río Jordán, como dicen las viejas, sino a la redomilla del agua fuerte y plata con que renovó de manera su barba, que la acostó de nieve y la levantó de pez. Llegóse la hora de darse las manos, y la doncella conoció por la pinta y por la tinta la figura, y dijo a sus padres que le diesen el mismo esposo que ellos le habían mostrado, que no quería otro. Ellos le dijeron que aquel que tenía delante era el mismo que le habían mostrado y dado por esposo. Ella replicó que no era, y trujo testigos como que el que sus padres le dieron era un hombre grave y lleno de canas, y que pues el presente no las tenía, no era él, y se llamaba a engaño. Atúvose a esto, corrióse el teñido y deshízose el casamiento" (pp. 68-69). En esta historia el viejo que quería engañar no ha logrado su objetivo; la muchacha, acaso más avezada que él en las artes de ese artificio dice que su pelo desdice la identidad real de su prometido. Al proponerse como víctima de un pacto que, sin embargo, hubiera preferido (casarse con hombre joven) logra no casarse con el viejo engañador. Su deseo es destacar la función de la verdad y avergonzar a quienes no la practican. Está orgulloso de no dejarse engañar ni por falsas apariencias ni por el habla de quienes no comprenden la realidad. Tal es su posición con respecto a los escribanos: "Uno le dijo:

"—¿Qué es esto señor licenciado, que os he oído decir mal de muchos oficios y más lo habéis dicho de los escribanos habiendo tanto que decir?"

A lo cual respondió:

"—Aunque de vidrio, no soy tan frágil que me deje ir con la corriente del vulgo, las más veces engañado." [. . .] La defensa que sigue de los escribanos se hace porque, según el licenciado, ellos defienden la verdad "siendo un oficio el de escribano sin el cual andaría la verdad por el mundo sombra de tejados" (p. 69).

El tono del licenciado Vidriera no es meramente sabio. Es capaz asimismo de la crueldad del chiste cómplice: "Oyó Vidriera que dio un hombre a otro que así como había entrado en Valladolid, había caído su mujer muy enferma, porque la había probado la tierra."

A lo cual dijo Vidriera:

"—Mejor fuera que se la hubiera comido, si acaso es celosa" [6] (p. 71).

Chistes cómplices, consejos bien motivados, agudas observaciones sobre la vida cotidiana... La corriente de lenguaje producida por el licenciado Vidriera es sólo en una lectura superficial indicativa de su identidad. El final de la novela vuelve enigmático el sentido de sus intervenciones y descubre una interferencia en el circuito comunicativo que parece vincularlo con los demás. Inmerso en el presente de su locura, el licenciado Vidriera padece de la ilusión de que su lenguaje lo acerca a los demás cuando es paradójicamente, su temor de quebrarse lo que constituye la máxima atracción para quienes lo siguen.

LA CONSECUCION DEL FUTURO: ¿ES POSIBLE LA SOLEDAD?

"En resolución, él decía tales cosas, que si no fuera por los grandes gritos que daba cuando le tocaban o a él se arrimaban, por el hábito que traía, por la estrecheza de su comida, por el modo con que bebía, por el no quiere dormir sino al cielo abierto en el verano y el invierno en los pajares, como queda dicho, con que daba tan claras señales de su locura, ninguno pudiera creer sino que era uno de los más cuerdos del mundo" (p. 73).

Ataviado de los signos de su locura, el licenciado Vidriera hace que quienes lo escuchan, dejando de lado las palabras emitidas, reflexionen sobre la fuente de la interlocución olvidándose del contenido. Su supuesta cura elimina la atención de los seguidores. Perdida la vidriera en la cual expone su palabra, vuelto a su propio cuerpo, es enmudecido al desbandarse los interlocutores que antes lo seguían.

Su cura no le hace feliz en el sentido de reconciliarlo con el mundo para la conversación sin barreras. Por el contrario, la enfermedad en que se había creado una aparente barrera de fragilidad revela haber sido el puente más eficaz para la comunicación desde su propio punto de vista. La ilusión del vidrio es la dolorosa necesidad que atrae a los demás. Su falta abre otra carencia. Con ella se inaugura un espacio en el cual Tomás pierde nuevamente su identidad para hundirse en el anonimato. Sin nada que lo distinga de los demás no puede ganarse la vida con la distribución de su sabiduría: "Perdía mucho y no ganaba cosa, y viéndose morir de hambre, determinó de dejar la Corte y volverse a Flandes, adonde pensaba valerse de

[6] En una nota al pie de esta edición el Profesor Sieber sugiere que "la hubiera comido, si acaso es celosa" puede ser una alusión a la enfermedad de comer tierra. Como el texto dice "se la hubiera comido..." hay razón para creer que el chiste reside en sugerir que lo mejor es que la tierra se la coma (a la mujer) para acabar con sus celos. Es una expresión idiomática corriente para desear la desaparición de alguien.

la fuerza de su brazo, pues no se podía valer de las de su ingenio" (p. 74). Sin la tensión, sin el miedo, no hay intercambio de lenguaje posible para Tomás. El futuro de sus trabajos de conocimiento desemboca en la esterilidad al descubrir que la corriente de lenguaje que parece unir a los interlocutores asocia presencias atraídas entre sí por el carácter enigmático de efectos posibles, más allá o más acá de las palabras. Es la aporía del miedo (la curiosidad con respecto al accidente que precipita la locura de Tomás en su público, el miedo a la alteridad en la imaginación de la vidriera en Tomás).[7] El presente del licenciado Vidriera es una celebración del diálogo en tanto incomprensión de los polos que lo suscitan. Sus intercambios son vistos como exitosos hasta el final que —después de la cura— le arrebata la posibilidad de hablar al negarle la presencia de un prójimo.

La cura es, en el sentido estricto del término, la consecución de uno de los futuros propuestos en la novela. Pero, ¿a qué nivel de la narración pertenece? Es decir, ¿a qué nivel del anhelo del personaje corresponde? Ese efecto de cotidianeidad es dado por la transición del diálogo directo de las páginas que la preceden a la narración de la transición. El lector, sin embargo, sabe que no este el único futuro que anundará el texto. Por la cura se construye un hilo temporal importante para Tomás, ya que se le da solidez a su identidad y se lo rescata de la repetición en que lo había hundido el accidente. Al curarse, Tomás elabora un pasado *real* en contraste con aquel otro, más hipotético que sugiere haber tenido al principio de la novela cuya tangibilidad existe en su éxito en la maduración intelectual (confesar su linaje cuando la haya ganado por medio de sus obras). La realidad de ese pasado no es completamente clara, hay una clave en su centro que cumple la función de una herida sin confesión posible, un agujero que nadie, siquiera Tomás, puede penetrar. Es el accidente provocado por la mujer que trastorna su percepción del propio cuerpo y motiva su encarnación de licenciado Vidriera. Así, este *pasado real* del cual el lector tiene tantas indicaciones, es en verdad un *linaje secreto* que esconde el registro en el cual se inscribe la sabiduría que Tomás había alcanzado en sus estudios. El vidrio es la hipótesis por la cual el accidente queda nombrado sin explicación, incorporado como *dolor fundador* de la experiencia del prójimo.

Cuando la cura se vuelve objeto de relato retropectivo: "—Señores, yo soy el licenciado Vidriera, pero no el que solía: soy ahora el licenciado Rueda. Sucesos y desgracias que acontecen en el mundo por permisión del cielo me quitaron el juicio, y las misericordias de Dios me la han vuelto" (p. 74). Es parte de un pedido que no deja de ser nostálgico. El licenciado Rueda quiere que el público lo escuche con la misma atención que ponía antes, cuando se creía de vidrio. El licenciado Rueda, al hablar, quisiera la misma dialéctica que cuando era Vidriera. Su identidad —realizada ahora

[7] La aporía abierta por una interlocución cuyo final es el silencio me ha ocupado en oteros trabajos. Ver *Interlocución* y *aporía* más adelante en este mismo volumen.

en el futuro de su anécdota— hace referencia a un pasado relativamente mejor para reproducir la relación anterior.

Advertimos que Tomás tiene ahora un pasado. Se reconoce en el tiempo precisamente por aquello que menos ha dominado. Fuera de su vidriera hace referencia a ella para exponerse diferencialmente. Cree que es mejor, que su cambio ha sido progreso, pero otra vez es poseedor de un conocimiento que no sirve para la comunicación. Su puente hacia el pasado no es línea contínua. Su cura percibida por otros es un cambio cualitativo que lo desarticula de un pasado que él pretende nombrar para nombrarse.

Tomás Rodaja: se nombrará como hijo de sus padres cuando logre los éxitos propuestos. Su nombre es pivote temporal.
Licenciado Vidriera: su nombre es acto colectivo. Existe en el presente del accidente. La herida es su locura. Tiempo de repetición.
Licenciado Rueda: tiene, como pasado anecdótico la historia cuyo contenido conoce el lector. No sirve para conectarlo con los demás.

La soledad sino la camaradería o el público. El licenciado Rueda sabe quién es porque sabe quién ha sido. Es narrador elocuente de una historia en cuyo centro está la herida inexplicable que articula su anécdota. Desde el otro lado de su lado, habiendo transcurrido la distancia del vidrio, pide volver a sus propias palabras. Tal repetición le está vedada porque la noción de su propia identidad se apoya en una falta de comprensión de los mecanismos de la interlocución que ahora redefinen sus palabras y que siempre les han dado sentido. Su salud mental le impide hablar desde un cuerpo que ya no se resguarda de los demás. Pero al ofrecerse, los demás se retraen, trazan materialmente la vidriera y repiten uno de los comportamientos implícitamente deseables en la locura. Esa repetición por diferencia (ninguna de las tres fases del personaje la controla) es la única anecdóticamente existente. Fuera del control del personaje, sus identidades rehusan ser unidas armónicamente. La amistad del hilo temporal que une distintas etapas de la existencia no es posible.

La novela soluciona el conflicto desplazándolo. Las tres partes quedan sin reconciliación posible. El autoconocimiento no es, por soledad, un final feliz. El desenlace del texto enmudece al personaje tripartito. Sus palabras, ventriloquías de la herida que desarticula su proyecto (el accidente) son dejadas de lado para permitir la información que el narrador otorga al lector.

Con control de sus palabras, con objetividad implícita en la convención narrativa, el narrador dice a un lector que no lo ve como personaje: "Esto dijo y se fue a Flandes, donde la vida que había comenzado a eternizar por las letras la acabó de eternizar por las armas, en compañía de su buen amigo el capitán Valdivia, dejando fama en su muerte de prudente y violentísimo soldado" (p. 74).

"Esto dijo [. . .]" darle la palabra para *quitarle* la palabra, volver a representar sus palabras para que queden fijadas con mayor verdad en un lector que teme ser engañado, fijar, así la relación principal entre narrador que domina las palabras del texto y lector tranquilo con respecto al significado de los términos implicados en la conversación. Nadie está solo en esta novela, ni siquiera el lector cuyo camarada más fiel, el narrador, aquieta el sentido abismal de la desarticulación del lenguaje en el cuerpo del personaje tripartito.

EL HORROR DEL CUERPO

"Ella era larga de más de siete pies; toda era notomía de huesos, cubiertos con una piel negra, vellosa y curtida; con la barriga que era de badana, se cubría las partes deshonestas, y aun le colgaba hasta la mitad de los muslos; las tetas semejaban dos vejigas de vacas secas y arrugadas; denegridos los labios, traspillados los dientes, la nariz corva y entablada, desencasados los ojos, la cabeza desgreñada, las mejillas chupadas, angosta la garganta y los pechos sumidos; finalmente toda era flaca y endemoniada. Púseme de espacio a mirarla, y apriesa comenzó a apoderarse de mí el miedo, considerando la mala visión de su cuerpo y la peor ocupación de su alma" (p. 344).

El cuerpo de la bruja en el *Coloquio de los perros* produce horror a aquel otro cuerpo, el del perro que lo describe. Mientras que la primera hipótesis de trabajo —la condición del diálogo— el de los perros que se hablan, no provoca sino placer ante las capacidades de artificio linguístico del autor ficticio del coloquio en el seno de la conversación, otro cuerpo igualmente fundamental para que la ficción sea posible es descripto como figura del miedo.

¿Por qué el miedo? Tendida en el suelo, en un estado semejante al de la muerte, la bruja enmarcada por la conversación canina enmarcada a su vez por el intercambio humano en el cual dicha conversación es objeto de lectura y escritura, es la cifra que permite la marcha del texto. En ese horror radica el secreto elocuente que une a los parlantes. Ella tiene una versión que posibilita el habla de los perros y da sentido al ejercicio literario del coloquio. Así, la bruja muerta o dormida encarna la potencialidad de un discurso que encierra la llave para la comprensión de aquello que permite el flujo del lenguaje. Su ser repugnante, el detenimiento con que se la nombra a través de los detalles figura un intento de entender lo sucedido en el coloquio por la descripción de la causante de los hechos. Como la mujer que dio el membrillo al licenciado movida por una pasión cuya capacidad destructiva hace emerger, por accidente, el relato, esta bruja empujada por los celos, da una maldición que parece haberse cumplido en los perros que hablan.

Más allá de la intensa figuración corporal cuyos intercambios hacen al diálogo de los perros, la presencia de la bruja es el signo que opera como clave de un registro temeroso. Estos perros sólo lo son por accidente —si hemos de creer las aseveraciones de la bruja— y hay una transición posible. Nada es claro ni unívoco. El origen, el nacimiento de los perros, está sujeto a interpretación. ¿En qué consistiría dicha interpretación? Es decir, qué tendríamos que preguntar para enterarnos de las fuentes que mueven la narración? Debemos interrogarnos acerca del grado de verdad de la información dada por la bruja.

La fealdad, el horror, el asco de *El Coloquio de los perros* es pasajero. Los problemas o soluciones que propone se diluyen en el marco general de una conversación viril dedicada a ver lo narrado como ejercicio literario.

El dolor es, como en *El licenciado Vidriera,* la condición motriz de la interlocución, la fuerza productiva que deshace un pensamiento unívoco del origen. En *El Coloquio de los perros* el dolor en el interior de la narración es también la condición del placer de la conversación, aquello que es llave equívoca del interés de seguir hablando de otra cosa y, por eso, polo ciego para la interpretación. Nivel aporético que une a personajes y lector en un registro no de seguridad sino de interrogación.

CUERPOS CALEIDOSCOPICOS: ENCUENTRO FORTUITO ENTRE HUIDOBRO Y PAZ

En algunas ocasiones la historia literaria funciona como eliminadora de la capacidad de proliferación de sentidos de la imagen poética; las asociaciones de autores y períodos literarios se hacen en general para mostrar similitudes que dejan en la oscuridad el carácter oblicuo de sus diferencias, aquello que de maneras indirectas va armando un diálogo con poco que ver con la teleología de los movimientos históricos. En este trabajo enhebro algunas rutas de un movimiento literario fijado con sus clisés en nuestra historia reciente —el surrealismo reinscriptas en la literatura de Octavio Paz por medio de un análisis de trama no lineal, alejado del discurso de fuentes e influencias. Uno de los momentos paradójicos de la reflexión nos conduce a un contemporáneo latinoamericano del surrealismo que es, al mismo tiempo, uno de sus más explícitos detractores: Vicente Huidobro. Su crítica al surrealismo está dada de modo ensayístico en sus *Manifiestos.* No me interesa comentar aquí la ingenuidad con la cual Huidobro sustituye la escritura automática por su noción de una superconciencia escritora. La lectura intentada en estas páginas desea analizar la voz efectuada por la "música del espíritu" anunciada en *Altazor*; los avatares de esa voz nos conducirán a Paz, a un encuentro con cierto surrealismo y a la intuición de un cuerpo-imagen para el erotismo en los sistemas poéticos de Paz y Huidobro.

LA VOZ ENCADENADA

Altazor morirás Se secará tu voz serás invisible

Vicente Huidobro

Re-escribamos la nota apocalíptica de Huidobro. La muerte del poeta individual otorga invisibilidad a la obra; su voz seca es el logro de una máquina productora de poemas anónimos. La música del espíritu anhelada como punto culminante de la estética creacionista tiene que ser descorpo-

rizada para extremar el antimetismo que la funda. Voz de nadie y, po
eso, universal. Casi ciencia. Gramática que niega a su productor para pro
ducir la ilusión de su universalidad. Los choques de imposibles construye
una imagen que gira sobre sí para explicar sus principios de regulación
para crear monstruos del sentido sin traducción en objetos del mundo ex
terno. La música del espíritu será la ciencia de la catástrofe y la muerte d
Altazor[8] es un prerrequisito para su logro. Encuentro erótico entre palabra
que no *representan*, que se *presentan*. El poema tiene un trayecto intrincado
El *yo* que vaticina la muerte de *Altazor* intenta, también, un movimiento
contradictorio que inaugura la oscilación que arrasará con el creacionismo
Esto ocurre bajo el signo de lo erótico con la imaginería de la voz. El Can
to II de *Altazor* es, sin duda, la parte del poema con mayores dificultade
para quienes leemos en él un rompecabezas con estéticas en vías de can
celarse entre sí.

> Te pregunto otra vez
> ¿Irías a ser muda que Dios te dio esos ojos?

Es un canto de amor a la mujer. Objeto reconocible en el mundo extralite
rario. Canto puesto allí, casi al principio de todo el poema con una presen
cia que cuestiona la unidad programática del texto. La imaginería creacio
nista está aquí cosida por hilos que destruyen sus propias bases; es un
ornamento en vez de funcionar como principio estructural para desanudar
sentidos unívocos. La mujer tiene ojos y por eso podría carecer de voz. Ve
Es cuerpo relacionable con otros. Visible. Palapable. Observador. Su pre
sencia exterior al poema se cierra sobre la posibilidad programática como
un anillo asfixiante. Está unida al yo que la habla por los mismos términos
de la estética que teóricamente existe para disolverla y así su inmediatez se
da en términos alternativos de unión y combate:

> Sin embargo te advierto que estamos cosidos
> A la misma estrella
> Estamos cosidos por la misma música tendida
> De uno a otro

Advertencia de lucha. Intento de incorporación de lo ajeno al poema como
elemento mudo que deberá ser sobrepasado por la voz invisible que entonará la música del espíritu. Pero el combate tendrá como víctima precisamente esa voz aun cuando trate de reiterar el silencio de la mujer:

> En vano tratarías de evadirte de mi voz
> Y de saltar los muros de mis alabanzas
> Estamos cosidos por la misma estrella
> Estás atada al ruiseñor de las lunas
> Que tiene un ritual sagrado en la garganta

[8] Vicente Hiudobro, "Altazor". *Obras Completas de Vicente Huidobro* (Chile; Editorial Zig Zag, 1964). Tomo I. Todas las citas del poema se hacen de acuerdo con esta Edición.

La mudez de la mujer es sólo virtual; el yo que habla ha dejado de hablar creacionismo. Está diciendo el universo al referirse a la mujer y la conquista que cree estar llevando a cabo es un acto de sumisión porque "los muros de mis alabanzas" son ya la pendiente por la cual cae la estética de absurdos lógicos que promovía el creacionismo. Perversamente, de modos oblicuos, este canto de amor es, a la vez, la caída más abrupta de Altazor. Nada hay que explícitamente nos hable de su vuelo hacia abajo en esta parte del poema. Por eso su mayor fuerza. Estamos ante la producción de la caída, leemos el abismo precipitado de una poética que ha encontrado otra clave erótica para su funcionamiento. Si antes giraba alrededor del caprichoso acoplamiento de palabras haciéndose el amor en contra de la comunicación, es decir, en contra de la mímesis, ahora la alucinación del espejo reinicia sus juegos de reflejos y sombras y se nos habla de la sombra de un caballo en el aire de visiones. Ver ha reemplazado acaso a la voz. *Acaso*, porque la intensidad del texto nos está diciendo que ver se convertirá rápidamente en el mayor atributo de esa voz.

> Mi gloria está en tus ojos
> Vestida del lujo de tus ojos y de su brillo interno
> Estoy sentado en el rincón más sensible de tu mirada

La mirada de la muda que debía ser vencida por una voz que quería hablar por ella vence como si fuera conquistada. El *como si* inscribe su triunfo en términos de seducción. Y esa seducción la presenta simultáneamente como víctima y protectora; la violencia de su triunfo consiste en haber silenciado la autonomía del *yo* que le hablaba; un silenciamiento que los confunde en acoplamiento:

> Tengo esa voz tuya para toda defensa
> Esa voz que sale de ti en latidos de corazón

Defensa. Confesión de derrota. La caída de Altazor no es el drama más intenso del poema; ese vuelo hacia abajo arrastra también al *otro*. A aquel que, separado de Altazor, le anuncia su propia muerte. Succión erótica en la cual el amor por la mujer se muestra con la violencia de otra mudez. Vuelta a la mímesis. Estética del espejo. Ella es toda mirada volcada sobre sí y sobre el mundo externo. Mirada escritora, traducción de paisajes exteriores e interiores. Nuevo eje que signará el resto del poema, el Canto II se cierra con una pregunta que Huidobro no podrá resolver en su obra,

> Si tú murieras
> Las estrellas a pesar de su lámpara encendida
> Perderían el camino
> ¿Qué sería del universo?

¿Qué es ese universo amenazado de muerte? La pregunta abre el renacimiento del mismo universo que la poesía creacionista pretendía imitar en

energía creadora. Por eso el resto del poema sólo puede girar alrededo
de ese eje de fracaso.

Triunfo de la voz de la muda, de la mujer. Sugerencia de una gramátic distinta de la de la catástrofe del sentido. Gramática semilla. Tiempo inexorablemente ligado al ciclo de vida y muerte. Distinto de ese otro en luch contra la lógica que sugería la imagen creacionista. Tiempo con ciclos tiempo nautral que permite las lápidas del Canto IV (los repetidos "Aqu yace. . .") y la obsesiva reiteración del "No hay tiempo que perder". Com en un ejercicio de prestidigitación el poema espacial se vuelve una reflexió sobre el tiempo. La lucha de voces es la cifra del cambio. El combate s desplazada ahora y cambia sus personajes. Se libra entre el tiempo lineal d la semilla: "Darse prisa darse prisa/Están prontas las semillas/Esperand una orden para florecer/Paciencia ya luego crecerán" y el molino del vient "Jugamos fuera del tiempo/Y juega con nosotros el molino del viento". L fuerza del combate es tal que arrastra consigo la imagen de la caída. Hay una primera alternativa entre la gramática sucesiva —la gramática-semilla— y la gramática-molino de viento, reagrupadas por medio de la eficacia de estos versos,

> Razón del día no es razón de noche
> Y cada tiempo tiene insinuación distinta
> ....
> Todo es variable en el mirar sencillo
> Y en los subterráneos de la vida
> Tal vez sea lo mismo

Si cada tiempo tiene insinuación distinta, la elección exigida por el creacionismo pierde tensión. Por eso el poema entero se nos ofrece como una suerte de paradoja que baila en la heterogeneidad de una estética contradictoria.

Cuerpo de mujer. Presencia de una escritura ligada al ciclo natural de la semilla ante la cual sucumbe el erotismo de la catástrofe, el choque de imposibles. La lógica de la confrontación pone en juego los presupuestos del programa huidobriano en términos de voz, o sea, en términos de la fuente productora del discurso poético. El carácter filoso y separado de las alternativas es simultáneamente el mayor logro y debilidad del poema por la nitidez adjudicada al ejercicio de *ver*. La ceguera de Huidobro ante el fenómeno surrealista con su planteo de una realidad circulando entre los flotantes límites del sueño, la vigilia y el mundo exterior, una realidad a la vez independiente de la voz individual e indisolublemente ligada a ella por el subconsciente, le impidió alcanzar flexibilidad para pasar de un nivel a otro, combinarlos. Advertir que son insinuaciones de un mismo tiempo constantemente reinscrito y autodesplazado. *Altazor* es un documento detallado y radical de las fases de ese transcurso en busca de una explicitación analítica. Intento de figuración de las instancias de la elección anudado por la imagen del combate.

La voz que organiza *Altazor* es una voz *encadenada* en la intensidad de la lucha, necesitada de claridad programática. La poesía de Paz articula los érminos de la heterogeneidad con una precisión no divorciada de la de Huidobro pero sin voluntad de distinción. Por el contrario, su lenguaje deslabona la cadena que ata a la voz huidobriana para producir una estética de la múltiple en armonía. La lectura de Paz ha comenzado por una reescritura de *Altazor* para figurar un diálogo entre sus textos en el registro de lo erótico y la escritura. Los avatares de esa imaginería van dibujando la geografía del cuerpo de la mujer en la poesía de Paz y los conflictos que se libran en la producción de su discurso.

LA VOZ DE LOS DESPLAZAMIENTOS

All dreams are vexing. Let them be expunged
But let the rabbit run, the cock declaim.

Wallace Stevens (de "The Comedian as the Letter C")

El cuerpo femenino
Es una pausa
Terrible
Proximidad inaccesible
La demasía de la presencia
Fija
Y no obstante
Desbordante

(Octavio Paz, *Ladera Este*, de "Carta a León Felipe")[9]

Los surrealistas ejecutaron para la poesía y la literatura contemporánea una tarea que cíclicamente se lleva a cabo en el arte, esta vez bajo la influencia de los nuevos códigos que en ese momento comenzaban a ser impuestos por el psicoanálisis. Las formulaciones teóricas de los manifiestos de la revolución surrealista han cesado de tener el valor virulento de los primeros intentos y adquieren un cierto pintoresquismo acaso irrecuperable debido a la decadencia de los cenáculos, la aparente imposibilidad actual de movimientos colectivos y la falta general de confianza en el valor de los programas literarios. Pero ciertos textos, ciertos nombres de autores en poesía y en pintura, en cine, en escultura, siguen ofreciéndose con características enigmáticas ciertamente más allá de aquello que sus propios autores entendieron como programa e interpretación. La obra de Duchamp[10] es una fuente de interrogaciones para Paz y de un diálogo aun más intenso que el que él mismo ha notado.[11] La enumeración de los ecos surrealistas

[9] Octavio Paz, *Ladera este* (México: Joaquín Mortiz, 1969). Todas las citas se hacen de acuerdo con esta edición.

[10] Nos referimos a Marcel Duchamp.

[11] Paz ha escrito sobre Marcel Duchamp y las afinidades que encuentra con su obra podrán ser ahondadas con una reflexión acerca del conjunto de su producción visual y la manera en que ésta funciona planteando para lo visto una simultaneidad no ajena a la buscada por Paz en la arquitectura de sus poemas.

en el arte contemporáneo sería, como todos esos ejercicios, un inventari condenado al fracaso y caricaturizable en los mismos términos de la esté tica que pretende abarcar. Sin embargo, es posible enhebrar algunas con jeturas. La escritura automática [12] a pesar de la ingenuidad implícita en s carácter excesivamente técnico —especie de manual de instrucciones en con tra del manual de instrucciones— lleva consigo una duda acerca de la auto nomía de decisión del *yo* que escribe que abre las puertas a una noció de una máquina [13] productora de objetos estéticos sin objetivo preciso sin autor fijo. La obra se disemina, desborda los límites de la voz individu y pierde, así, arquitectura convencional. Las formas establecidas del dis curso se resquebrajan para dejar ver el intersticio que constantemente la separa de sí mismas. No hay seguridad acerca de qué se nombra cuando s nombra. Los sueños adquieren un valor de privilegio para la búsqueda su imaginería presenta paisajes regidos por un tiempo no lineal, signad por la repetición y el error.[14] Es en pintura y en escultura donde el surrea lismo ha ofrecido los aspectos más radicales de su revolución. Porque e en los juegos con aquello que se *ve*, lo que está *ahí* en la inmediatez de l mirada donde la puesta entre paréntesis de la presencia alcanza los efect más inquietantes.[15] Lecturas más o menos intensas de cualquier texto e la actualidad nos permiten ver la energía diseminante del discurso escrit aun cuando trate de producir objetos claramente miméticos,[16] quizás com efecto final de una crítica literaria que entiende ahora todo sentido unívoc como resultado de una conspiración. La poesía de Octavio Paz aparec unida a las perplejidades iniciadas [17] por el surrealismo y los contactos d su imaginería forman un paisaje cuya lectura tiene el efecto inquietant de los cuadros de Delvaux, cierto Dalí, el paisaje visto desde un agujero d Duchamp.[18]

El parentesco con las artes visuales debe señalarse porque es en ella

[12] Término por demás desafortunado, sobre todo después de que se hizo evidente existencia de un "estilo" surrealista como su efecto.

[13] En 1977 realizó en Paris, en *El Museo de Artes decorativas* una exposición titulad "Máquinas celibatarias" que es acaso la primera reunión de textos recientes en el domin de la ficción y la "teoría" literaria junto con obras visuales donde esta noción muestra s radical contemporaneidad. No se trata de un movimiento o un arte subsumido en la arque logía surrealista sino de algo infinitamente más problemático sugerido por la asociación c figuras como Duchamp, Jarry, Bioy Casares, Deleuze, Roussel. El catálogo de la exposici es un excelente mosaico para apreciar el alcance de esta noción de máquina.

[14] Error como posibilidad de comprensión de un encuentro fortuito pero a la vez regl do por la necesidad.

[15] Nos referimos a la inquietud entendida como aquello que Macedonio llamaba "tr pezón conciencial", Gertrude Stein "el mareo", etcétera.

[16] Podemos ahora leer las obras de la llamada tradición realista como máquinas pr ductoras de ilusiones que, al mostrarnos su mecanismo, libran un combate en contra de transparencia que pretenden efectuar.

[17] Ciertamente la noción de "iniciar" es relativa. Sigue siendo posible usar el términ debido al olvido con que el presente urde la novedad de sus descubrimientos.

[18] Nos referimos a la obra de Marcel Duchamp que se puede ver en el Museo de Ar de Filadelfia, Estados Unidos: Escena de una mujer de cera tirada en el pasto, con un catarata de agua que fluye detrás de su cuerpo, entre unas piedras, sexo ligeramente asim trico. Todo esto sólo visible a través de un agujero que nos pone en la situación de espía

donde la barrera demasiado tranquilizante entre sueño y vigilia deja de tener vigencia. En la escritura los surrealistas crearon una máquina que se mostraba como paralela a la del lenguaje de la comunicación; en las artes visuales la inmediatez de los objetos, su extremado naturalismo unido a aquello que es inaceptable pero que, sin embargo, *está ahí* (los caballos vacíos de Dalí, las mujeres y estatuas en los paisajes de Delvaux, las ventanas de Magritte...) resquebrajan la unidad de lo visto, lo subvierten por la *claridad* de un desplazamiento que forma parte indisoluble del objeto. En la poesía de Paz se logran algunos de los efectos de inquietud y desconcierto que los surrealistas produjeron en las artes plásticas y en el cine.

¿Quién habla en la poesía de Paz? ¿Qué se constituye como lugar del cual parte el discurso? Estas preguntas reabren la problemática de la voz, es decir de la fuente, origen, autoridad productora del poema. En *Altazor* la voz es una paradoja en sí misma; el poema se estructura por la necesidad de definir sus fases, combates, posibilidades. Sus efectos existen como *ejemplos* de un programa estético. Su sabiduría es volátil, anulada por el carácter contradictorio que orquesta el poema. Una suerte de ventriloquía que busca auto explicarse, poema mordiéndose la cola en contorsiones de gran belleza.[19] La poesía de Paz pinta las contorsiones en un espacio en el cual no se cuestiona la posibilidad de *hablar*. La catástrofe del sentido no ha alcanzado a la fuente del discurso que se burla de sus perseguidores escondiéndose, haciéndonos creer que no viene de ningún lado. Casi neutra, con voluntad utópica —en el sentido etimológico del término— produce un espacio de desbordes, encuentros sorpresivos, preguntas, de cuyos efectos últimos logra evadirse porque parece no estar ahí. Voz casi invisible, *naturalidad* del discurso de Wallace Stevens en los versos que encabezan esta parte del texto.

El itinerario de la neutralidad y la claridad de la presencia en la imaginería de Paz pueden ser vislumbradas a nivel literal en su progresivo abandono del uso del símil en su poesía. Lo relacionado pierde valor tentativo, inaugura un sistema de transparencias cambiante, giratorio pero seguro de sí mismo.

Una carta, puente con polos delimitados. Alguien le escribe a otro, lo implica en su discurso, le da un mensaje. Seguridad que establece un mapa y que, simultáneamente muestra el carácter ilusorio de su geografía. La "Carta a León Felipe" es un poema que se inicia con un largo subtítulo donde se nos indica la función del texto, fecha, circunstancias, se localiza lo dicho: "En respuesta a poema-saludo y a su carta sobre nuestro desencuentro en México. El verano pasado (1967)". Desde el primer verso los polos que sostienen al poema giran para hacernos saber que todo nombre es *ya* reinscripción de algún otro, de alguna otra geografía donde ocupa *otro* lu-

[19] Acaso Huidobro haya producido el texto más eficaz en contra de la belleza como verdad del discurso. Cada una de las alternativas busca seducir y sucumbe debido a una lógica distinta de la de su hermosura.

gar. El destinatario de la carta es igual y distinto de sí mismo. Su nombr
se precipita hacia otras asociaciones y es vínculo de indentidad. Por s
nombre es otros pero también se ofrece como cuerpo único y separado. E
destinatario es un prisma cuyo centro se desplaza constantemente. Por es
inmediatamente después del subtítulo cuidadosamente preciso del poem
debemos leer una frase en la cual su nitidez se descompone. Ya no es Leó
Felipe el destinatario sino aquello que su nombre entona, evoca, significa
el *exceso*, el desborde:

León
El quinto signo del cielo giratorio
El león
Cara de sol
El sol cara de hombre
Sol
El quinto son
Al centro de la música
El quinto sol

El juego que ha diseminado el nombre de León Felipe se lleva a cabo tam
bién en el "origen" del discurso, la voz que le habla. La precisión del sub
título ha cedido lugar a un dejarse correr de sonido en sonido, una acepta
ción de las simpatías existentes entre número de sílabas, cambio de una con
sonante. *Sol, son, león* son palabras unidas por tales simpatías, notas de una
música que existe para no ser entendida lógicamente sino para ser ejecutada
declamada. Música descentrada cuyo fluir a veces la arrastra a plantea
para sí misma una diseminación que guarda una relación especular con la
de León Felipe. Pero el poema funciona con diferencias de foco —para uti
lizar otra analogía visual— y pronto resurge el contrapunto diseminación
univocidad que lo organiza. La música entonará nuevamente la posibilidad
de un centro para ambas voces —la del autor del mensaje y su destina
tario—:

Centro del movimiento
León
Felipe querido
Buenos días

La particularidad indicada por el nombre es compartida por quien se dirig
a él. Es posible decir "buenos días", internarse en el lenguaje de la comu
nicación, intercambiar datos. Aquí, una carta recibida y otro que la contest
en un lugar determinado, con domicilio fijo. El modo de presentación d
este contrapunto es el de la convivencia. En vez de pensar en una "razón
de día" que no es "razón de noche" como Huidobro, nos encontramos
ante una puesta en escena de alternativas coexistentes, diversidades de una
misma simultaneidad: De ahí que la "nota histórica" del poema pueda se
formulada así:

La ruptura
Es la continuidad
La Muerte del Comandante Guevara
También es ruptura
No un fin
Su memoria
No es una cicatriz
Es una continuidad que se desgarra
Para continuarse

La voz que construye este universo de simultaneidades está, ella misma, despersonalizada. Carácter paradójico del escritor de la carta. Voluntad de des-escribir su propio texto, "Y hablo contigo conmigo". El monólogo es también carta. La carta es monólogo. Las imágenes de caída de este poema entreteje un diálogo con *Altazor*. Pero lo que cae aquí *no cae*, es más bien una luz que se *posa* para iluminar presencias mientras que en *Altazor* el lenguaje se lanzaba en pendiente abismal para cuestionar su capacidad de crear mundos. Y esa luz hace posible la continuación del desplazamiento de la poesía de Huidobro que encontramos en Paz, ya que la mujer se constituirá —como en *Altazor*— en pausa, hueco, plenitud, nuevo giro del poema y su estética.

El cuerpo femenino
Es una pausa
Terrible
Proximidad inaccesible

Para *Altazor* la mujer es cifra de la gramática-semilla. Tiempo de germinaciones, muerte, intensidad para ser ornada con una imaginería creacionista que ha abandonado su intento programático sometiéndose a la autoridad de la mirada. Paz la reescribe como *pausa*, momento clave para él también. Punto casi límite de la caída de la luz. Así como en *Altazor*, aquí *la* mujer es *mi* mujer. Poseída por la voz que la mira o le habla, su cuerpo es inminencia erótica. Porta en sí el mapa de los contactos, la simpatía de los cuerpos que se penetran. Su *estar ahí* reproduce la posibilidad de cercanía de las palabras, el tocarse unos nombres con otros. El deslizamiento de *León* con sus múltiples alusiones a *León Felipe* en su unicidad es idéntico al que existe, en un viaje inverso, entre "la piel de *mi mujer*. . ." y "*El* cuerpo *femenino*". La voz que parecía empezar a girar alrededor de una nueva estética debido al hallazgo de un referente puntual que eludía la diseminación, recobra su fluir: "Fija/Y no obstante/Desbordante". El poema se cierra con una imagen que parece reescribir en clave optimista la estética "molino de viento" tan apocalíptica para Huidobro:

Una ligereza de sílabas girando
En la inmovilidad de este día de invierno

CADENAS. DESPLAZAMIENTOS

Un contrapunto curioso nos ha permitido pensar que dos poemas construidos cada uno como mensajes para un destinatario o varios [20] tejen una trama que les permite hablarse, aclarar lo que cada uno dice por confrontación con el otro, implicarse. El encuentro de estos textos es a la vez casual y necesario. Una voz le asegura a Altazor que morirá, se secará su voz y será invisible. El poema, en cambio hace visibles las cadenas de voces partidas, resquebrajadas e inseguras que perecen en el combate contra la presencia de la mujer vista como catástrofe de esa lucha en contra de la presencia que fue toda la estética creacionista. Altazor no se ha hecho invisible. Por el contrario, su voz se reconoce nítidamente en una imaginería creacionista subsumida por el peso de la referencia a la mujer. Es visible como víctima. Paradójicamente, un poema tan extraño a esa poética como el de Paz, hace posible la invisibilidad de la voz que habla por medio de ese fluir libre de contactos que sostiene sus textos. Voz que no está ni aquí ni allá y ubicua al mismo tiempo. Idéntica a la firma y dispersa en los sonidos a los cuales puede asociarse. Voz que se somete a la lógica del molino. Y nos dice que es indistinguible del molino. La poesía de Paz puede ser entendida como un desplazamiento de la problemática que Huidobro planteó en clave de abismo, elección programática. Blanco o negro. El maniqueísmo desesperado que constituye la mayor belleza y debilidad de Altazor es reescrito por Paz en términos de una luz heterogénea y abarcante.

La parte casual del encuentro de estos dos textos es la que existe en todos los contactos; la necesaria reside en las analogías de los puntos límites de sus discursos: destinatarios, cuerpo de mujer, movimientos giratorios, erotismo y escritura.

PRESENCIAS. CUERPO FEMENINO. SURREALISMO

Moi, ce me plait, c'est de désirer tous les corps qui peuvent produire de l'allégresse et de la révolution[21]

Nuestro epígrafe nos lleva al final de un texto de erotismo literario publicado anónimamente en Francia cuyo propio epígrafe es una cita de Octavio Paz sobre el instante perpetuo en que vive el cuerpo. Esta nueva superposición de textos nos conduce a dos dimensiones que se dan simultáneamente

[20] La multiplicación de los destinatarios es parte de la arquitectura de ambos poemas; debemos hablar simultáneamente en plural y en singular para referirnos a ese aspecto.

[21] Epígrafe correspondiente a un fragmento de un largo texto anónimo publicado en *Recherches* (París: marzo 1973). Este número especial de la revista lleva el título *Grande Encyclopédie des Homosexualités.* Los autores de los materiales publicados prefirieron no firmar sus textos, pero la primera página ofrece una larga lista de quiénes contribuyen en el número. Entre ellos se encuentran: Jean-Paul Sartre, Gilles Deleuze; Michel Foucault, Jean Genet.

en la poesía de Paz: la delimitación de la presencia del cuerpo de la mujer como femenino y su dispersión en un erotismo que cubre la esfera de lo visible y de la escritura, esta vez existente en un continuo sexual donde lo que importa no es ya la distinción femenino/masculino sino una esfera de contactos y desbordes. El autor del texto que citamos en diálogo ficticio con Paz busca deshacer la noción del cuerpo de la mujer como *pausa*, punto límite de la luz posada sobre el discurso. Quiere hacerla girar hasta que deje de ser *ella* con las cadenas de la imaginería de la penetración y se convierta en territorio móvil, penetrante y penetrado.

¿Qué implica una lectura así montada del erotismo en la obra de Paz? ¿Qué surge de la necesidad generada por estos contactos arbitrarios?

La confusión creada en los cuadros de Delvaux, en los cuales es imposible (e innecesario) decidir lo que separa a las mujeres de las estatuas, (Qué parte estatua, qué parte mujer. Cómo constituir el cuerpo) la de los cuadros de Magritte (cuál el paisaje, cuál el cuadro artificial, dónde ubicar las partes de un cuerpo, senos que juegan a ser ojos . . .) es la que rige la inestabilidad de lo nombrado en Paz. El fluir "natural" de una voz que pasa de esfera intuyendo ese tránsito como un juego de transparencias sólo se interrumpe en una instancia. Lo único que parece estar dado en la diferencia sexual cuando explícitamente se nombra a la mujer. Pero, al mismo tiempo, la pausa, la inamovible identidad gira en contra de sí misma:

Delta de brazos del deseo   agua de verdad

en un lecho de vértigos   verdad de agua[22]

Es la gramática del vértigo que se ha apropiado también de aquello que era explícitamente preservado para interrumpirla.

Curiosa pirueta exigida por los poemas de Paz. Mantenerse "fiel" a su universo giratorio donde todo se intercambia y se vuelve otro. Arrastrar con ello parte de su imaginería más privilegiada: un erotismo donde el hombre y la mujer se acoplan manteniendo sus identidades sexuales. Paz nos ha pintado un inmenso cuadro de la escritura como convivencia, acoplamiento de todo con todo y con ello ha producido la inestabilidad de su única distinción inmóvil.

Esta inmovilidad ha dado una reescritura paródica de *Blanco*[23] cuyo humorismo radica precisamente en la exageración de la imaginería referida a la mujer, en contraste con la otra de libre fluir, anárquica y sorpresiva que estructura todos sus textos. El tambaleo de la separación de los sexos en favor de un erotismo que fluye con la gramática del vértigo *sin* la pausa

[22] La cita es de *Blanco*, poema incluido en la edición de 1970 de *Ladera Este*.

[23] Nos referimos a la re-escritura de *Blanco* que ocurre en la novela de Severo Sarduy, *Cobra*. Es innecesario destacar aquí el marco de general aceptación de la estética de Paz en la obra de Sarduy explícitamente formulado en el título de uno de sus libros, *Escrito sobre un cuerpo* y que circula constantemente en su *Barroco*.

de la "demasiada presencia" es un modo de ser fiel a las intuiciones que construyen toda la poética de Paz.

La noción de un cuerpo en perpetuo desborde de sus propios límites hace posible la imagen-caleidoscopio donde los nombres (esos cuerpos) se diseminan y regresan a sí mismos con el dibujo de la inseguridad de sus contornos. Geografía de la simultaneidad y el contacto, el deseo-vértigo es a la vez realidad y escritura.

Paz dibuja las alternativas del instante perpetuo en su poesía de modos nítidos, con una luz natural e inquietante al mismo tiempo. Esa casi-claridad, ese estar ahí pero presentándose con un efecto de extrañeza que debe ser aceptado, leído como parte de *esta* realidad delinea cuadros donde todo es arrastrado por la virtualidad de *lo otro*.

Paz no comparte con los surrealistas la simple realidad de encuentros anecdóticos, la fiebre de una libertad pronto convertida en caricatura como la de la escritura automática, sino la producción de los efectos más inquietantes de sus obras visuales. Un arte que se alimenta de encuentros fortuitos y los ofrece como ley combinatoria traducible a lo cotidiano, constantemente desplazada hacia la destrucción de las identidades.

INTERLOCUCION Y APORIA: GIRRI CON GELMAN

¿QUIEN HABLA Y QUE HABLA EN EL POEMA?

Altazor de Vicente Huidobro abre para el lector contemporáneo la serie de preguntas que figuran los términos de una recepción productiva del texto poético. Acaso principio ficticio como todo punto de partida en arte, ese poema sugiere el doble camino paradójico de su consecución: invención de una persona poética que lo articula por un lado e historia acelerada de su destrucción por otro. Se plantean en él los avatares por los cuales la unicidad de la llamada *voz* poética revela su fragilidad al deshacerse en los fragmentos de la anhelada "música del espíritu". Así, la respuesta a la pregunta sobre quién habla en el poema desplaza los ojos del lector hacia la inaudible música de palabras que han perdido su sentido. No quién habla, entonces, sino ¿qué habla? *Altazor* ofrece su factura como un documento de investigación sobre esta interrogante cuya solución parece ser una máquina por la cual el lenguaje se muerde la cola.[24]

Desde entonces una meditación sobre las condiciones en las cuales las palabras son intercambiadas durante el acto poético parece tomar lugar. Más que una interrogación sobre la fuente productora del discurso con su concomitante autodestrucción a manos de la conciencia crítica se nos presenta una suerte de esqueleto de comunicación con un nuevo término en el intercambio, el otro. Es la figuración de un lector o de un oyente cuya relación con la hipotética fuente de lo dicho en el poema denota el espejismo por el cual se funda la condición misma de la lectura. Las páginas que siguen

[24] La factura de *Altazor* de Vicente Hiudobro constituye un excelente punto de partida para el estudio de fenómenos posteriores en la poesía latinoamericana. La voluntad con que el poema historia la caída del poeta es testimonio de la relación entre la poesía y quien la nombra a través de distintos estadios de confianza en la noción de voz productora del texto. Una lectura detenida del poema ilumina concepciones sobre el valor de quien habla en la poesía que, al ser gradualmente abandonadas por la desilución en sus resultados, crean una serie de límites para los poetas que siguen. La intensidad de *Altazor* crece, en ese sentido, con la lectura de obras posteriores. Desde luego que nuestra intención no es la de sugerir una influencia consciente de ese texto sobre otros poetas. Se trata, más bien, de señalar un momento de *ruptura* en la poesía latinoamericana cuya vigencia reside precisamente en el entierro de Altazor.

tratan de hilvanar dos estrategias de concepción del discurso poético como interlocución cuyos caminos divergentes iluminan la función del crítico y del poeta en la edad post-altazoriana.

MUERTES/PASADO/LA AMISTAD CON EL OTRO

La obra poética de Juan Gelman describe un itinerario que busca fijación histórica, validez política, interrogación de lo erótico con cierta voluntad nacional. Son claras sus afinidades con el tango, la entonación conversacional, la voluntad que tienen sus palabras de ser entendidas aun cuando practiquen el neologismo. Un libro, *Traducciones III, Los poemas de Sidney West*[25] se aparta del resto de la producción de Gelman para presentar problemas cuya elucidación ilumina humorísticamente —en el sentido alto del término— sin embargo, la obra que lo contiene. El título propone el carácter derivado de lo encerrado entre las tapas del libro: la atribución a otro autor, un volumen tercero de algo que el lector ignora, lo volátil de una traducción. El lector es espectador de capacidades críticas limitadas por el carácter indirecto de la transformación literaria indicada desde el comienzo; el "original" le está vedado.

El libro está compuesto por una serie de poemas titulados *lamentos* y una *fe de erratas* final cuya función inmediata es cerrar —limitar— hipotéticamente la pluralidad de interpretaciones de los poemas ya que la idea de corrección de errores de imprenta implica que hay una necesidad que gobierna la posición de las palabras en el texto. La fe de erratas pide al lector que abandone la fácil noción de arbitrariedad de sentidos para sustituirla por la de un hermetismo controlado cuya llave puede estar aguardándolo. Los lamentos son testimonios de reacciones ante la muerte en este libro. Sería equivocado pensarlos como construcciones abstractas donde —en un ejercicio facilitado por una interpretación de la literatura en tanto distanciamiento del objeto que nombra por la hipótesis de la traducción y el volumen en serie— se perdería lo cotidiano para producir una estética de intelectualismo homogeneizante.[26] Por el contrario, la tensión de los poemas surge de la curiosa interacción que existe con las tapas que los encierran, como si los versos buscaran desdecir lo inalcanzable de la experiencia que los funda. Los lamentos conmemoran diversas muertes cuya enumeración y explicación constituyen el motivo explícito de los poemas. Por el uso del tiempo pasado se crea un tono evocativo que fija el referente en un terreno doblemente definido como inasible (el hilo temporal señala su ausencia) y

[25] Ver Juan Gelman, *Traducciones III, Los poemas de Sidney West* (Buenos Aires, Editorial Galerna, 1969).

[26] Me refiero a una obra que abandona la importancia de los detalles que constituyen sus capacidades como productora de espejismos para crear ese otro que pretende develar las leyes que la constituyen. Ese tipo de intelectualismo que homogeneiza sus componentes individuales está ausente de la poesía de Gelman en general, ya se trate de este volumen o del resto de su obra de cariz más explícitamente político.

presente (un parlante lo nombra después de haber estado presumiblemente en contacto directo con quien menciona). En "lamento por la llama de roy joseph gally" leemos:

> "escátame la sepa" roy joseph gally decía
> y una calandria o perro o gran trasluz le levantaba el buey tranquilo
> le metía la boca en la carona
> le daba dura escarrabeca
>
> por eso
> cuando la realidá a manera de alquiler
> o dueño o claridad en los ojos dél daba
> "escátame la sepa" roy joseph gally decía
> sabiendo su canción[27]

La repetición del *decía* produce una ilusión de presencia para el discurso de joseph gally; ha estado ahí para que su canción se pierda, los crípticos versos que se le atribuyen vuelven en la boca de otro que los utiliza para dar testimonio de gally por su canción. La incomprensión, la opacidad del "escátame la sepa" transparenta el milagro de la interlocución por el cual la figura del narrador hipotético inventa un lector que entiende lo implícito en el *decía*. Es un lector que entiende la cita porque *acude* a la cita, se brinda al ejercicio de violencia temporal y decide dejar su tiempo para estar allí, en el utópico espacio donde se celebra la canción de joseph gally.

Las palabras rescatadas por el pretérito vienen entre comillas, puestas en vitrina como si pudieran capturar el aliento del intercambio que las animó; "«no los pedazos que me quisiera devorar» roy joseph gally cantaba/ «no la madera, el jeme la bichoca parientes míos amadísimos en esto de acabar» cantaba" (p. 71). Fundan, en verdad, las condiciones de esa otra cita en la cual el lector accede a escuchar y obrar *como si* entendiera la canción. No es que se trate de un lector particularmente sumiso[28] que deja blancos porque confía en la autoridad de una voz narrativa sino que hay una necesidad de abandonar la actitud crítica cuya fuerza viene de la frescura dada por la cita, de la obstinada realidad planteada por su presencia. Así, las palabras de joseph gally adquieren el valor de documentos, son enmarcadas por un diáligo que les da existencia ya que cuestionar la cita inauguraría el vertiginoso abismo de dudar la existencia de aquel otro puente: la relación entre el testigo que refiere y el lector que lo contempla.

El ser testigo del lector de este texto es definido por su aceptación de la muerte en tanto fenómeno colectivo. Se trata de un observador *enlutado*.

[27] Ver la edición citada, p. 71. Todas las citas de Gelman se hacen de acuerdo con este volumen.

[28] La literatura de Macedonio Fernández nos ha acostumbrado a registrar precisamente el tipo de lector implícito en cada obra como parte indisipensable de su apreciación. En este caso, hay una tendencia de pensar al lector como amigo que comparte sobreentendidos. De este modo, lo que no se entiende es, paradójicamente aquello que *más* se entiende porque contribuye a fijar la relación con un amigo hipotético. Julio Cortázar practica a menudo el humor implícito en este curioso pacto con relatos en medias oraciones (ver, por ejemplo, *Ultimo Round*) o nombres cuyo sentido parece ser claro pero que nunca se explican (mi paredro, elquetedije, etc. . .).

Su acto es, no obstante, festivo porque afirma las condiciones de un diálogo que da sentido al poema. Los lamentos que componen el volumen piensan las condiciones de *actualidad* de lo referido por la poesía a través del motivo de la muerte cuya capacidad generadora de habla se repite en cada uno de los textos. Lo cotidiano, con sus explicaciones, es articulación de lo narrado; "por eso/cuando roy joseph gally murió/ disimulaba el mucho rato en soledad/peste del pecho es la tristeza" (p. 72). El *por eso* es casualidad cuya vigencia funda un compartir entre quien lee y quien escribe. La muerte de roy joseph gally en boca de otro logra animar de vida un instante para quien la contempla. El testimonio de los poemas en este volumen es una pirueta acerca de la noción de testimonio. La caprichosa realidad pretérita de quienes devienen centro de los lamentos señala la disponibilidad del dolor, el modo en el cual las muertes individuales erigen modestos monumentos de interlocución a través de un pacto (entre voz narrativa y lector) que exige la rememoración para fundarse. La lectura "consciente" que destaca los juegos de distanciamiento creados por la hipótesis de traducción y derivación es desplazada por una madeja en la cual la muerte (en la forma sustantiva de minúsculas para los nombres propios) nos acerca a la palabra compartida vuelta rumor, chisme, celebración de su precario presente.

TU/YO/EL TIEMPO PRESENTE

En *valores diarios*[29] Alberto Girri descubre la crueldad de los pronombres en su capacidad de aislar al otro, verlo, recortarlo con nitidez *dirigirle* la palabra para responsabilizarlo por su peso. Gran parte de los poemas que componen el volumen están dirigidos a una segunda persona singular cuya hipotética posición en el discurso es la de ser atacada bajo el pretexto de llegar a una realidad del sentimiento, a una liberación del dolor cuya ubicuidad pone a prueba los criterios de sensibilidad del lector. Esta segunda persona singular, el tú, implica la cercanía de una primera persona que padece la proximidad en la forma de una creciente claustrofobia. La transición hacia el uso del plural *nosotros* confirma el triunfo de lo anunciado por ese *yo* implicado en el *tú*, la articulación de la palabra es figuración de personas encadenadas a un hablar limitante. Hablar es todo en *valores diarios*, la esfera del diálogo recubre el motivo de libros, óperas, monumentos. Una fantasía de autenticidad o de su concomitante carencia brinda el tono urgente a lo escrito, la revelación poética en el libro parece ser el descubrimiento de que hay una herida en el centro de la palabra. En "Si dramatizas cantando" quien imita a Marie[30] parece buscar una verdad más allá de los

[29] Ver Alberto Girri, *valores diarios* (Buenos Aires: Editorial Sudamericana, 1970). Todas las citas del libro se hacen siguiendo esta edición.

[30] Se trata de una mención de ópera: "Si dramatizas cantando,/imitando a Marie, desdicha de Wozzeck..." La referencia a esta Marie sugiere lo difícil de una imitación por el carácter elusivo de un original de funciones ambiguas. ¿Qué significaría imitar fielmente a esta Marie tan infiel, cuya gravitación viene de una ópera?

roles adjudicados por la cultura:. . ." es porque un mero recitativo, declamación, sonaría a falso, histérico,/ y porque/las emociones, hondas/necesitan del canto,/prisionero quien canta/en la sutil gradación, el transcurrir/ de lo hablado, discurso, al canto". . . (p. 59). Un mero recitativo sonaría a falso, histérico. El libro quiere huir de la declamación, de la cárcel implicada por quien puede parecer histérico. Es decir, por un *yo* cuyo padecer es imaginario y derivado, cuyo dolor está signado de sospechas de inautenticidad o de falta de dignidad, como el de la rata viuda en "Si te juzgas impresionable".[31] El problema de ese dolor es que compartirlo abriría la posibilidad de una relación basada en algo despreciable, no es materia de canto. ¿Cómo distinguir el dominio abyecto de la rata del de Marie imitada en canto y no en declamación? ¿Cuáles son los términos en los cuales una palabra compartida figura la claustrofobia y otro dibuja un canto liberador? Estas preguntas subyacen el universo de *valores diarios* cuyo afán ético trata de decidir cuál sería el registro de una poesía en celebración de un conmoverse compartido. El camino que conduce a la respuesta a estos interrogantes se materializa en la relación con el *tú* a quien se vitupera, hiere, utiliza para demostraciones, de quien se sospecha. Es un tú cuyo cuerpo (el lugar del sufrimiento físico y el centro del placer) permanece siempre ajeno o huidizo; es un tú con una identidad en constante lucha: "el mal enfermo que eres/ saca de quicio/ las puertas de tu entereza,/tolera/ que te acorten la cama,/ te estrechen la manta,/ y que la fiebre,/ polvo menudo, calor/ de lugares húmedos,/ te descomponga y humille,/ y te marchite/ como el calor de miasmas, triturando/ tu débil, debilitado/ ínfimo nivel de reacción./ Y lo soportas/ siendo y no siendo tú/ el sufriente/ y logras, simulador,/ aprovecharte, agitar/ las artimañas de la postración/en una cama, trampa y asilo,/ y eludir, aislándote,/ lo que a expensas de ti/ pide y exige su precio, pretende obligarte con daños del cuerpo/ a que pagues por haber descuidado el territorio que te confiaran./ Enfermo de desidia, infiel/ mayordomo de ti mismo." (pp. 39-40).

La psiquis está gobernada por un principio igualmente móvil[32] en esta colección de poemas. Es necesario prestar atención al cuerpo y a la mente como si se tratara de una complicada estrategia política donde la muerte acecha a través de la enfermedad y la confusión cunde en la forma de cadenas imitativas que se imponen a una psiquis cuyos referentes inmediatos vienen del mundo de la cultura. La identidad es, así, delineada como una

[31] "Si te juzgas impresionable/ pruébalo, conmuévete/ con la asustadiza, recelosa,/ pálida inquieta viuda/ de ojos de rata/ que recibe pésames, suspira/ desde el grueso, saliente morro,/ chata nariz, piloso labio,/ y cuanto mueve la comparación/ con una rata,/ roedora/ victimaria". . . (p. 63).

[32] Hay una distinción entre *psiquis* y *cuerpo* a lo largo de este volumen que resulta necesaria para una consideración de la trascendencia de lo humano en el contexto de Girri. La brevedad estipulada para estas páginas no nos permite desarrollar consideraciones sobre el tema. Sólo cabe anotar que una lectura conjunta de estos volúmenes de Gelman y Girri nos permiten pensar en una suerte de continuo que, por la muerte y la enfermedad, hace participar al hombre de la naturaleza. El modo en que esta reflexión surge en cada uno de esos autores es diverso pero igualmente negador del humanismo individualista.

hipótesis del equilibrio inestable; ser *uno* es un campo de batalla que a veces brinda el espejismo de la autenticidad. Hay, sin embargo, lo invariable del sistema pronominal. El valor diario celebrado implícitamente en los textos es aquel que permite olvidar los nudos destructivos y erige el modesto monumento que hace posible al poema: el *tú* por el cual un *yo* accede a la encarnación momentánea.

El aristocratismo del yo destilado por la forma de interlocución elegida es también efecto del tono acusatorio generado por el tipo de revelación implícita en lo leído: debilidad, inautenticidad, hipocresía... La relación entre este *tú* y *yo* niega elocuencia al otro, da poder a la primera persona singular. Es esa primera persona quien, ataviada de las referencias culturales que han sido inscriptas como indistinguibles de las de ese nivel que podríamos llamar personal, anecdótico (cediendo a la tentación de separar libros, arte y vida) trata de llegar al centro de aquello que se perfila como la obstinada mentira del otro. Por sus sospechas, a través de su estrategia guerrera, la primera persona singular construye para sí una ficción de autenticidad, gana en el combate una identidad que la ata prolijamente a aquello que rechaza.

Sin embargo, "Si dramatizas cantando" quiere ofrecer una salida a quien canta, el beneficio de una emoción cuya profundidad lo salve de la claustrofobia: "y porque/ las emociones hondas/ necesitan del canto,/ prisionero quien canta/ en la sutil gradación, el transcurrir/ de lo hablado, discurso, al canto,/ y apoyándose/ en que la melodía le asegura/ amparo por dentro, un jardín/ asequible mientras cante/ y que excede los límites de la música." (pp. 59-60). Ese amparo interior protege a la esperanza que anima la interlocución: la estabilidad de quien habla y escucha, la realidad de lo dicho entre ellos, el momento de la poesía. Desprovisto de la corriente establecida por la cita en el libro de Gelman, Girri recorre en este conjunto de poemas un camino que rechaza la distancia humorística. No hay cita posible porque el eje de estos textos es precisamente la naturaleza del encuentro que se da por sentado en Gelman. La temporalidad de la interlocución es distinta. Los hablantes de *Los poemas de Sidney West* sellan su pacto cada vez que las comillas traen el discurso de quien los aproxima por su muerte. No entender completamente las palabras intercambiadas es parte de la profundidad del vínculo que une a los polos del diálogo, un signo de su confianza en el ejercicio que los genera. El chiste del libro convierte a la muerte en productora de placer gracias a la fecundidad del lamento solidario. *Valores diarios* sugiere que el hablar es un permanente enfrentamiento con las limitaciones de quien escucha. La precariedad de quien participa en el diálogo dificulta la palabra, la vuelve destructiva, hace que su capacidad generadora se patentice en un campo de batalla. El afán revelador de la poesía es descubrir los límites de la elocuencia del otro. El encuentro delineado en el ejercicio de interlocución dibuja sus limitaciones en la extrema *actualidad* de lo leído donde el lector es arrastrado hacia la proyección en un *tú* que, en silencio, arma a una primera persona singular hostil. El amparo posible es huidizo en *Valores diarios*, no hay perspectiva fuera del examen de las condiciones del diálogo porque el tiempo es presente; la rememoración con su distanciamiento nos está vedada.

DOCUMENTOS/TUMBAS/LOS OTROS

Los registros dispares de Gelman y Girri evocan, en contraste la intensidad con que la poesía contemporánea se ha propuesto deslindar las condiciones de su propia posibilidad. La persona de quien *habla* el poema es figuración de las leyes que gobiernan el diálogo. Paradójicamente, la voz poética que surge de la lectura de *valores diarios* da más capacidad de revelación de lo cotidiano a quien domina el poema debido a la intensidad de su irreverencia hacia el otro; la falta de aceptación amorosa del tú resguarda a esa voz del elogio, le da la penetración de quien accede al amor por el rechazo de la conciliación con lo banal, inaugura una trascendencia posible como objetivo de la tensión producida por la cita cuestionada, el encuentro puesto entre paréntesis. Una curiosa falta de tensión niega la capacidad crítica de la palabra en la celebración que se hace de ella en *Los poemas de Sidney West*. La poesía deviene narración complaciente. Hay, sin embargo, un guiño humorístico en el libro que no debe ser dejado de lado; se trata de la relación entre el Gelman practicante de una poesía política con el del autor de estos textos donde la notación del sentido democrático del lenguaje exonera de críticas a quienes lo producen.

Figura de poeta solitario cuyo ostracismo es condición de una palabra de aristocratismo revelador y autodestructivo: Girri; y lenguaje de afán colectivo que rehusa mirar su factura suicidariamente en Gelman. . . El encuentro tiene el valor de una *cita* productiva; por ella otra cadena de interlocución se ha hecho posible. Es aquella que nos implica como lectores y críticos, el camino que ilumina las aporías y les promete el futuro del acto poético. La violencia de esta lectura es evidente. Hemos rehusado el límite propuesto por cada uno de los volúmenes y *citándolos* hemos producido otro contexto para un encuentro cuyos fines están a la vez fuera y dentro de lo leído. El placer de la coexistencia en una biblioteca conspira incesantemente en contra de la ilusión de unicidad que forma parte de cada libro; esa coexistencia es la corriente colectiva en la cual la palabra deviene espejismo de alteridad, posibilidad de diálogo. Acaso el error de Altazor haya sido imaginar una música del espíritu cuyo balbuceo tendría que estar *anotado* en el poema como partiendo de una entidad con la precisa autosuficiencia que le permite profetizar los términos de su propia caída. Menos interesados en delinear la figura del poeta (herederos de Huidobro al aceptar su falta de importancia, hacerse cargo de su haber sido enterrada), los fragmentos rescatados de Gelman y Girri reconstruyen caleidoscópicamente preguntas sobre *quién* y *qué* en el acto poético. Así, nos es permitido reunir en la ficción crítica los elementos necesarios para un diálogo de biblioteca —un testimonio de lectura— con la temporalidad obstinada de aquello que al permanecer idéntico a sí mismo cambia delante de nuestros ojos debido a nuestros ojos: el poema transparentado por otros poemas.

REPETICIONES
Y LA DICCION DEL SILENCIO

ESPEJOS: BIOY CASARES

En la memorable película de von Stroheim, *Foolish Wives*,[33] hay una escena donde el noble ruso encarnado por von Stroheim mira por un espejo a la niña retardada que ha elegido como su víctima. El espectador necesita ínfima información sobre lo que ocurrirá después. Los claroscuros de la imagen de la niña en la cama, el rostro de von Stroheim mirándola por el espejo son ya la violación. Son la anécdota que aún no los convierte en protagonistas pero señala su carácter de elementos en un juego llevado a cabo en el espejo. Antes de ser criminal, el noble ruso es artificio, imagen reflejada; antes de ser protagonista en una anécdota es alusión a su ser ambiguamente espectador de los términos que intervendrán en la representación. Poco importa que el crimen no se realice, que la muerte altere la prolija imagen delineada en el espejo. Existe en la película la inminencia de un argumento, de un "cuento" que es el verdadero y que sólo la violencia podrá impedir. La fuerza de la imagen en el espejo, del pacto entre víctima y victimario ha sido sellado en el espejo y el espectador [34] *sabe* que cualquier otro final será una fisura que pretenderá infructuosamente superponerse a la eficacia de la multiplicación especular. En esta, como en otras películas mudas el silencio da preeminencia a las imágenes que adquieren una mayor fijación pesadillesca, una mayor fidelidad a su ser visuales que las del cine hablado. Los cartelitos explicativos entre escena y escena son claramente "otra cosa", algo superpuesto que no puede competir con la presencia de esos personajes mostrándose con la inmediatez de lo visual.

El "cuento" escrito es inferior a la densidad de las imágenes vistas; los cartelitos son siempre agregado, redundancia o empobrecimiento. Lenguaje y visión han sido separados para preservar la riqueza de las cadenas alu-

[33] Erich von Strohiem (1885-1957); *Foolish Wives* (1921) es la última película de una trilogía que incluyó *Blind Husbands* y *The Devil's Passkey* (1920); la más conocida es *Foolish Wives*.

[34] El espejo cumple la función de *enmarcar* y *fijar* la perfección de los términos del conflicto. Las figuras aparecen recortadas observándose, ajenas a otros detalles del ambiente. Fotografía que anuncia película dentro de la película. Indudablemente esta toma del espejo en un momento tan temprano de la historia del cine, anticipa cierto tipo de películas autorreflexivas.

sivas provocadas por la presencia visible de los personajes. El cartelito no es el discurso de los personajes, ya que éste es sus gestos, los desplazamientos de cámara que van armando el sistema de articulaciones que hace posible la película. Acaso el cine mudo sea el más fiel a las caractrísticas de su medio, el más despreciativo de tramas que desdigan la preeminencia de lo visual. El noble ruso que en *Foolish Wives* se observa en el espejo observando a su víctima es un modelo reducido de las posibilidades de multiplicación de alusiones y "cuentos" producidas por el cine; el noble ruso *se ve* y *ve* elementos que deben ser articulados por el espectador que se proyecta en un personaje que es, simultáneamente, testigo.

1. TRAMAS DE BIOY Y EL CINE MUDO

Si existe una filmografía que se construye por el desprecio de los medios que le son ajenos, con la precisa indicación de ese carácter ajeno, también existe una literatura que llega a producir tramas que rechazan la intromisión de otros géneros. Ese rechazo es siempre ambiguo y oscilante, como ocurre en el cine. Así como podemos "contar" una película y al hacerlo la traducimos a nuestro discurso con una continuidad y simplificación que no le pertenece, también podemos "ver" cualquier novela. La fisura que separa los medios es móvil y se hace aparente no en esa ilusión de "cuento" que produce la obra terminada sino en el sistema de articulaciones que la hace posible. Las novelas y también los cuentos de Bioy Casares parecen depender estrechamente de lo visual, de lo visual-artificio que caracteriza al cine. Pero, sin embargo, al intentar trasladarlos en imágenes ofrecen la misma dificultad que existe si se quiere convertir en diálogo los intercambios gestuales de una película muda. Las imágenes evocadas por la literatura de Bioy son *recuerdo* de otras imágenes virtuales, son residuo de algo que ya no es la actualidad de lo visto, nombran la dificultad de ver. Si se les quisiera poner diálogos a las películas mudas surgiría inmediatamente la necesidad de hacer otras películas, de convertir en naturalistas o acaso "humanos", cotidianos, a los rostros de actores como Harold Lloyd, Lilian Gish, la extraordinaria Theda Bara. ¿Qué caras, qué situaciones geográficas, qué guiones escribirles a los personajes de Bioy? ¿Qué actualidad, presencia, darle a sus argumentos?

2. PLAN DE EVASION: CAMOUFLAGE Y REPRESENTACION

La imagen del juego entre los distintos niveles de representación de esta temprana novela[35] de Bioy es la del camouflage. Compone la perspectiva general de su discurso; es introducida desde el comienzo y su aparición es

[35] *Plan de evasión* apareció en 1945, por Emecé.

ciertamente interesante: sirve de *descripción* de la isla del Diablo. El discurso descriptivo, seguro de su objeto (toda descripción es descripción de algo, hay una tensión hacia la aprehensión de un objeto visto como exterior, ajeno) abre la novela con una frustración. Lo visto *está* camouflado, no *parece* camouflado. El lenguaje opera seguro de su capacidad de mostrar pero, paradógicamente, decir la verdad acerca de la isla consiste en traducir la imposibilidad de verla: "...la nefasta verdad se reveló: la isla del Diablo estaba «camouflada». Una casa, un patio de cemento, unas rocas, un pequeño pabellón estaban camouflados" (p. 20). Camouflage: adentro y afuera, disfraz de lo real; lo visto es exterioridad apoyada sobre un interior hipotético, articulación entre "ser" y "apariencia". La novela es complicación de estas relaciones, su continua redefinición y alternancia. Los personajes también están camouflados, existen en un juego que muestra su carácter ambiguo. Desde el nivel concreto de sus nombres (Dreyfus llamado así en la isla del Diablo: referencia directa a un Dreyfus real, pero simultáneamente *otro* Dreyfus, variación, disfraz de un original, trasvestismo) al desempeño de funciones en la isla, todo está relativizado por la posibilidad de la mentira. El disimulo de la realidad, la "verdad", se produce en distintos niveles. La novela está narrada por el tío de un personaje llamado Enrique Nevers. Su discurso está compuesto de materiales heterogéneos. Procede como un cronista y, además de su propio testimonio, incorpora párrafos o palabras aisladas provenientes de la correspondencia enviada por su sobrino. El tono de su narración es persuasivo y hasta demagógico. Lee las cartas con desconfianza y filtra su información sarcásticamente. Se plantea, así, un distanciamiento con respecto a lo narrado, la ilusión de que estamos leyendo algo falso. Nevers estaba obsesionado por la posibilidad de la existencia de una conspiración en la isla. Traduce los movimientos y sucesos que presencia como signos dentro de un sistema que, de algún modo oscuro y con objetivos misteriosos, lo implica. Pero, al mismo tiempo, el discurso de su tío teje otra conspiración que implica al lector como testigo de otro disimulo, otra instancia del camouflage. El lector es testigo de la conspiración del tío contra Nevers, no puede aceptar el testimonio de Nevers como verdadero porque ha sido relativizado por el narrador y el sentido común, tampoco puede leer la novela con total confianza en un narrador tan desvalorizado. Resulta difícil pensar cómo sería una lectura "ingenua" de *Plan de evasión*. La novela elude prolijamente la tentación acrítica; sus personajes carecen de caracterizaciones psicológicas, que permitan mecanismos de proyección en el lector, su argumento —si aún encontramos sentido en esa palabra— es virtualmente inexistente o, en todo caso, es el tejido de desconfianzas y sospechas que organiza la obra. Este tejido está diseñado para romper la confianza en la representación. Si bien la voz que domina la narración es esa voz ambigua del tío lector y comentarista de cartas, hay otras que se incorporan hacia el final del libro y ayudan a componer la fisura, la negativa de representar unívocamente una realidad plural. Hay un narrador en tercera persona (distinto del tío, intuimos que sabe más pero nunca *todo*), notas de

Nevers y notas de Castel. Todo este material, aparente documentación, cumple la función de intensificar la ilusión de "doble fondo", la lectura desconfiada. Es fácil ver que en este contexto ciertos límites no pueden ser dibujados. El carácter de la distancia entre sueño y vigilia es uno de ellos. Aparece repetidamente tematizado en la novela. Imposible distinguir entre ambos; ninguno tiene un lugar claramente privilegiado como expresión de la verdad, el mundo. El discurso que refiere sueños es idéntico al de la vigilia; el material de los sueños y la "realidad" no difieren. Se alimentan de una materia homogénea, entre ellos no hay distancias: "No olvidaba la frase final (dice que en el sueño era irrefutable; sospecho que fue un acierto de su dudosa vigilia)..." (p. 42). Los sueños de *Plan de evasión* son una cuidadosa duplicación de la realidad; también existe la negativa de decidir entre enfermedad y salud, libertad y prisión, fantástico y real. El dibujo que representa la celda de los "enfermos" (p. 117) es un intento de darle realidad gráfica a esta problemática:

> Las celdas no tienen techo; se vigilan desde arriba. Antes, los pasadizos o galerías que salen de la terraza y atraviesan todo el patio, se cruzaban sobre las celdas. Castel suprimió parte de las galerías que había sobre las celdas, y ensanchó el canto superior de las paredes, de modo que sirviera de camino para los carceleros; Nevers observa: *no tienen barandas y las paredes son muy altas; las galerías de antes debían de ser más seguras...*
>
> Una de las celdas es interior. *Si tuviera que encerrarme en una de ellas* —escribe Nevers— elegiría esa. *Por lo menos estaría libre del caliente horror de los espejos.* Alude, con su habitual dramatismo a los grandes y baratos espejos que hay en las otras celdas. Cubren, del lado de adentro, todas las paredes que dan al patio[36] (pp. 117-118).

El párrafo es transparente: la representación es un espacio cerrado de duplicaciones continuas, abierto por esa posibilidad elusiva de la "celda interior". Las alternativas abiertas por el carácter de sus duplicaciones son múltiples. Una de las más interesantes es la dispersión creada por los nombres y las traducciones en la novela. El "camouflage" de Dreyfus existe de maneras sutiles para otros personajes: Bernheim podría relacionarse con el médico francés de ese nombre (1830-1919) que se dedicó al estudio del hipnotismo y la sugestión; el barco "Rimbaud" con el poema de Rimbaud "Bateau ivre" y esos dos términos con su función en el texto; la lectura detectivesca de la novela podría continuar hasta completar la imagen de una isla que se desdice continuamente como unívoca y plantea la dificultad de *ser vista* de otro modo que su simultánea inscripción en espacios que la redefinen. Leer *Plan de evasión* es advertir la imposibilidad de realizar el ejercicio de descubrimiento de un trasfondo no camouflado que la narración parece exigir. Los múltiples datos que tratan de aclarar la situación, el "cuento", sólo conducen a su complicación; las indicaciones visuales nombran precisamente la incapacidad de la representación; las funciones de los personajes cambian de acuerdo con el hilo de las conspiraciones en que parecen participar. El

[36] Las citas se hacen de acuerdo con Galerna, 1969.

argumento y la descripción son un juego que inicia otros, todos coexistentes y carentes de un sistema de jerarquías organizador por la ausencia de un narrador privilegiado que no participe como personaje. Representar el sistema de representaciones de *Plan de evasión* en un medio distinto del de la literatura exigiría el hallazgo de un sistema de articulaciones que dispersara la actualidad de lo visto y oído en alternativas horizontales.

3. IMAGENES Y MAQUINAS: *La invención de Morel*[37]

Acaso la escritura sea uno de los medios más contaminados; las palabras tienden a enmascararse como cosa, imágenes, historias. Su pureza e independencia es siempre ilusoria; su confusión con los referentes, efecto de un artificio que permite que ver y nombrar, mostrar y contar parezcan ser actos simultáneos en la página. *La invención de Morel* se construye en referencia a la capacidad o incapacidad de ver bien, es decir, aprehender lo que "ocurre"; esto produce la imagen de un lector que también lucha por leer bien, por divisar con alguna nitidez cuál es el relato del narrador. Los datos que "generosamente" se le brindan de manera explícita contribuyen a crearlo como personaje que guarda una relación especular con la dificultad que tiene el narrador para explicarse la red en que está implicado.

> Tengo un dato, que puede servir a los lectores de este informe para conocer la fecha de la segunda aparición de intrusos: las dos lunas y los dos soles que se vieron al día siguiente. Podría tratarse de una aparición local; sin embargo me parece más probable que sea un fenómeno de espejismo, hecho con luna o sol, mar y aire, visible seguramente desde Rabaul y desde toda la zona. He notado que este segundo sol —quizá imagen de otro— es mucho más violento. Me parece que entre ayer y anteayer ha habido un ascenso infernal de temperatura. Es como si el nuevo sol hubiera traído un extremado verano a la primavera. Las noches son muy blancas; hay como un reflejo polar vagando por el aire. Pero imagino que las dos lunas y los dos soles no tienen mucho interés; han de haber llegado a todas partes, o por el cielo o en informaciones más doctas y completas. No los registro por atribuirles valor de poesía o de curiosidad, sino para que mis lectores, que reciben diarios y tienen cumpleaños, daten estas páginas. (p. 78).

El lector no puede fechar las páginas; el exceso de información es un juego que tiende a reproducir el exceso de detalles que apabullan al narrador. Esas referencias directas al diálogo con un lector hipotético delinean la imagen de otro personaje, doble del narrador, que se enfrenta al texto con las mismas dificultades con que éste se implica en su aventura. Pero la aventura de *La invención de Morel* es curiosa, el narrador participa en ella como testigo. Su peripecia consiste en ver, tratar de dar sentido a lo que ve, averiguar cuál es la máquina cuyos efectos se le presentan. El informe que leemos es el propósito de su aventura y, en ese sentido, su texto es un intento de construir una máquina reproductora de las imágenes que él ve

[37] Nuestras citas se hacen de acuerdo con la siguiente edición: Adolfo Bioy Casares, *La invención de Morel* (Buenos Aires, Emecé, 1970). La novela apareció en 1940, por Losada.

ya reproducidas: "Sería pérfido suponer —si un día llegaran a faltar las imágenes— que yo las he destruido. Al contrario: mi propósito es salvarlas con este informe" (p. 121); "Un hombre solitario no puede hacer máquinas ni fijar visiones, salvo en la forma trunca de describirlas o dibujarlas para otros, más afortunados" (p. 121).

El camouflage de *Plan de evasión* ha pasado a *La invención de Morel* como imagen devoradora de la realidad que refiere. La actualidad de las imágenes de *La invención de Morel* está definitivamente perdida. Sólo las copias sobreviven con la indicación de la fisura que las separa nítidamente de los originales; el hallazgo de la nitidez de esa separación es la aventura del narrador, productor de otra máquina; su informe.

La invención de Morel es una novela violenta; el funcionamiento de su máquina de representación desdice la existencia de los referentes que le sirven de apoyo; su articulación con lo visual consiste en la negación de la actualidad de sus imágenes. Así, sus referencias gráficas y narrativas son virtuales y sirven para construir una máquina que al nombrarlas, las destruye.

4. SECUENCIAS, PINTURAS, INFORMES: *El Diario de la guerra del Cerdo*

Los personajes que en las novelas de Bioy cuentan, arman lo leído, lo hacen tratando de establecer su posición con respecto a un lector. El narrador testigo crea su doble en el lector que intenta ver y entender; el pretexto para la articulación con el otro (el mismo) es el "cuento" que se va dispersando para hacer más claros los polos de la cadena representativa. *El Diario de la guerra del Cerdo* es un esfuerzo probablemente más extremado que *El sueño de los héroes*.

La guerra entre jóvenes y viejos, de jóvenes contra viejos que sólo pueden defenderse escondiéndose de sus perseguidores es una dramatización de lo que ocurre con el transcurso del tiempo.

El discurso es el de la vida cotidiana, el escenario no es una isla elusiva sino un Buenos Aires que parece brindar la seguridad de los nombres de sus calles, la mención de ciertas esquinas: "Los muchachos armaron, como todas las noches, la mesa de truco, en ese café de Canning, frente a la Plaza Las Heras" (p. 11).[38]

El narrador comparte con los personajes clisés, frases adocenadas sobre el pasaje del tiempo, dentaduras postizas, la ineficacia de los viejos. Las imágenes inaprehensibles de *Plan de evasión* y *La invención de Morel* son transfiguradas en recuerdos unívocos, especie de fotografías recurrentes. El tejido de la conspiración no asume como en esas novelas la forma de relatos divergentes. Un cronista narra la guerra en un diario con hechos cuya ocu-

[38] La paginación corresponde a Adolfo Bioy Casares, *Diario de la guerra del Cerdo* (Buenos Aires: Emecé, 1969).

rrencia parece incontrovertible. Pero el carácter elusivo de lo contado reside en otro nivel. La novela se alimenta de un transcurso ajeno a su propio tiempo, de la exterioridad de las fechas. Los viejos perseguidos encuentran actores victimarios para lo que ocurriría de todos modos. Su muerte violenta es una intensificación de un final de todos modos inminente, anunciado por los lumbagos, las dentaduras postizas, las reuniones periódicas, la dependencia de una jubilación.

La Guerra del Cerdo es la confirmación del sueño paranoico de los viejos; cuando finaliza el lector no tiene la impresión de haber leído el recuento histórico (como pretenden las fechas que encabezan los capítulos) sino la sensación de que se ha esfumado la imagen de un sueño ciertamente clásico, provisto de un nivel en el cual el protagonista se transforma, por amor, en un hombre joven y queda definitivamente salvado de los peligros.

La violencia personalizada es la hipótesis que intenta convertir en un acto de voluntad lo inevitable. Por la guerra surgen actores, se delinean figuras que de otro modo quedarían en neutra oposición. El "argumento" del *Diario de la guerra del Cerdo* es, en ese sentido, ilusorio.

El narrador de la novela tiene un papel oscilante. Finge ser ubicuo, decir frases sentenciosas que lo colocan fuera del círculo de la novela y le permiten verla desde afuera. Pero su relato no es el de un observador desinteresado; su discurso no se recorta con nitidez del resto de los personajes. Comparte con ellos clisés, convencionalismos:

> Como también es verdad que la vida no espera a los rezagados, tomó la resolución de salir, de ir como cualquier tarde, a la Plaza Las Heras, a reunirse con los amigos en un banco, al sol (p. 86).

El narrador y Vidal tienen un discurso que los confunde al punto que si uno leyera la novela distraídamente, enmascarando los pronombres, podría cerrarla con la impresión de que está escrita en primera persona. Las distancias entre el narrador y los personajes se diluyen como la guerra. Los soportes que la narración utiliza para crearse, para continuar, se sintetizan en una imagen global que la acerca a los sueños; su productor permanece indefinido, los personajes se desvanecen junto con el conflicto que los ponía en un sistema de oposiciones. De este modo las secuencias, pinturas, informes, el tono algo pintoresquista de ciertos momentos, se reordenan en un continuo que no es la descripción de referentes externos sino el residuo de un discurso que les quita actualidad. El carácter pictórico de la novela culmina con su reverso: la duda de haberla leído, la puesta en paréntesis de sus imágenes que de cotidianas pasan a ser oníricas. Si se quisiera darle una traducción visual, cinematográfica [39] al *Diario de la guerra del Cerdo* habría que intentar esa oscilación entre lo real y lo soñado que el transcurso ficticiamente lineal de la narración pretende enmascarar; habría que empren-

[39] Este problema no es sólo hipotético. Varias novelas de Bioy Casares han sido filmadas. El relativo fracaso de esos intentos sugiere parte de nuestras reflexiones.

der la tarea de convertir en soñadas (residuo) las imágenes y diálogos que forman su trama. Las palabras que "dicen" los personajes no son propias; comparten el discurso de la vulgaridad; la individualidad que consiguen es la otorgada por un conflicto que casi no existe; "corporizar" a estos personajes de novela en el cine significaría una traducción que logre ese juego entre individualidad e inexistencia que simultáneamente las presenta y borra.

5. LECTURAS Y TRADUCCION: *Dormir al sol*[40]

El ejercicio de traducción supone un reconocimiento de lo "esencial", de aquello que permanece idéntico a pesar del cambio de idioma, de aquello que permite el flujo de un medio a otro. Traducir es, así, un modo privilegiado de lectura que se enmascara bajo el pretexto de que hay una presencia de los escritos que supera el idioma y precipita modos de transcripción en otros. La traducción es, por eso, siempre plural; el texto ofrecido es una *versión* de otro que se toma como original, su presencia se constituye por la tensión para alcanzar una relación de mismidad con algo que, por definición, deberá permanecer fuera. *Dormir al sol* se estructura con la sospecha de la posibilidad de una metamorfosis que preserva cierta parte reconocible como esencial.

La novela se divide en dos partes, una que ocupa casi todo el libro redactada por Lucio Bordenave y otra por Félix Ramos. Félix Ramos es un personaje que guarda una relación especular con el lector de la obra; Lucio Bordenave escribe para él y procura persuadirlo de las características de su aventura. Su papel de redactor de la última parte de la novela consiste en otorgar existencia al relato de Bordenave al referirse a la recepción del texto. Su testimonio es el de un lector que puede opinar sobre Bordenave mejor que el lector que está "afuera" porque le conoce y participa dentro del círculo de ficción que hace posible a Bordenave. Tiene el privilegio de haber sido tomado como punto de partida de la cadena que inicia Bordenave al contar su aventura. Y también cierra la cadena, ya que el juego entre él y Bordenave es un modelo reducido de lo que ocurre en la lectura de cualquier novela. Autor y lector han sido transfigurados en Bordenave y Félix Ramos; Bordenave es un autor desconfiable que escribe desde un presunto manicomio y Ramos un crítico de su texto que padece de la inevitable complicidad que implica su conocimiento. La trama de la novela construye, así, la ilusión de ser perfectamente cerrada por depender de los dos polos que hacen posible la escritura y la lectura.

Bordenave está obsesionado por saber qué ama de su mujer, si el cuerpo o el alma; su visión de Diana es fragmentaria y detallada:

[40] La paginación corresponde a Adolfo Bioy Casares, *Dormir al sol* (Buenos Aires: Emecé, 1975).

> Yo me muero por su forma y su tamaño, por su piel rosada, por su pelo rubio, por sus manos finas, por su olor, y sobre todo, por sus ojos incomparables (p. 17).

Si Diana no es ella misma en unidad indisoluble, se abre la posibilidad de que sus partes sean integradas a un sistema de organización distinto. La novela expande precisamente esta imagen. Un sanatorio Frenopático donde se practican operaciones que intercambian partes físicas y almas con el uso de perros es el espacio donde las intervenciones sirven para caricaturizar la imagen inicial por medio de la amplificación de sus consecuencias. Los cuerpos y las almas son separables luego de cuidadoso análisis. El problema es saber si el resultado de la operación devuelve el mismo objeto que entró al sanatorio, si existe una continuidad entre ellos y sus nombres que permita el reconocimiento de lo mismo, lo permanente a través de los cambios. Diana tiene dos dobles, su hermana María y una perra que posee el alma que le sacaron en el Frenopático. Ambas se le parecen y se confunden con ella al mismo tiempo que parecen diferenciarse. Su hermana tiene otro color de pelo pero el relato de Bordenave acentúa que si no fuera por este detalle, él las confundiría, la perra tiene su alma y hay momentos en la narración en los cuales Bordenave sugiere que es esto lo que ama.

Diana tiene el alma "sana" de otra. Es una versión mejorada de sí misma, una paciente curada que sale de un sanatorio. Los términos en que Bordenave describe el tratamiento son alternativamente de cura o cambio total. Diana es ella en la medida en que es su nombre y su cuerpo. La perra es ella en la medida en que es su alma, y Adriana María también es ella en la medida en que ambas son casi iguales de cuerpo. Bordenave está loco según los criterios del Frenopático. La información sobre las duplicaciones y fragmentaciones de Diana nos llega por una narración escrita desde el sanatorio dirigida a un antiguo enemigo, Félix Ramos. El giro paranoico que Bordenave hace al final:

> Tuve una corazonada por demás ingrata: la señora que hablaba con Samaniego era mi señora. El doctor le decía que para favorecerme no iba a perjudicarla. Como en una pesadilla Diana estaba en contra de mí (p. 213).

Lo convierte en un narrador desconfiable, en el hacedor de un discurso que define a los otros en términos de conspiración; el haber elegido a un enemigo para recibir su testimonio es parte del cuadro que caracteriza a su texto como una versión de algo que queda velado.

Bordenave es relojero. La reparación de relojes guarda estrecha relación con el tiempo estático de una novela que, al desautorizar la voz del narrador "principal", queda detenida en la formulación de la fisura por la cual el discurso fracasa y sólo le resta nombrar como referentes a los puntos que le sirven de polos. Félix Ramos es el polo receptor del informe de Bordenave y su corto relato insinúa la posibilidad de que éste haya estado internado en el Frenopático y dado de alta sutilmente convertido en otro. Pero también su testimonio es desconfiable. Incurre en contradicciones al explicar su relación anterior con Bordenave:

> Ante todo me parece raro que Bordenave se dirija a mí; al fin y al cabo estamos distanciados. También me parece raro que Bordenave me trate de usted; al fin y al cabo nos conocemos desde la infancia (p. 226).

Félix Ramos está implicado en la historia de Bordenave con una intensidad que impide su actuación de crítico "objetivo". Su testimonio está viciado, su participación en el círculo de Bordenave lo convierte en testigo-actor. Bordenave y Ramos participan de un continuo que impide su diferenciación; la última frase de Ramos:

> Todo el asunto me pareció, amén de confuso, amenazador. Resolví, pues, olvidarlo por un tiempo (p. 229).

Señala el espacio en que se unen y abre la posibilidad de que una averiguación más detallada por parte de Ramos, similar a la que Bordenave hiciera con respecto a la internación de Diana, lo ponga en manos del Frenopático. Bordenave le ha escrito su historia a un enemigo que es su doble y que, al leerla, la transcribe traduciendo el destino de Bordenave en el propio. Las figuras dibujadas por los trasplantes de cuerpos y almas existen en el juego menos explícito entre Ramos y Bordenave. El discurso de la novela es la maquinaria de cambios del Frenopático.

Dormir al sol privilegia en su título unas palabras del médico del Frenopático:

> Imagino un perro, durmiendo al sol, en una balsa que navega lentamente aguas abajo, por un río ancho y tranquilo.
> —¿Y entonces?
> —Entonces —contestó— imagino que soy ese perro y me duermo (p. 211).

Como en "Axolotl" imaginar es volverse lo imaginado. Dormir es sustitución de un sujeto por otro, un acto de reconocimiento que es, simultáneamente, autodestrucción.

La hipótesis de pasajes de cuerpos y almas tiende a negar la hipótesis de una "esencia" que permanezca a pesar de los cambios. En los juegos especulares de la novela Bordenave y Ramos se confunden, las Dianas se multiplican y el desarrollo de un argumento es sustituido por una trama que relativiza la información del texto. Como en otros textos de Bioy, la novela tiende a presentarse como una metáfora de su maquinaria de producción.

6. ESPEJOS, TRADUCCIONES, DISTANCIAS

Los espejos de *Foolish Wives* nos permiten ver la película en la articulación de sus elementos. El discurso es eminentemente visual, cualquier explicación de otro orden alteraría la prolijidad de un lenguaje que crea la diseminación de su anécdota en la multiplicación de las instancias que la hacen posible. Las novelas de Bioy crean espejos similares para su discurso.

Si existe un llamado a lo visual, éste es presentado como el residuo que ha dejado de ser imagen vista para convertirse en leída. La eficacia del carácter elusivo de sus atmósferas soñadas es precisamente la nostalgia por lo unívoco; por la actualidad del "cuento" visto. Las tramas construidas por el discurso de narradores y personajes tienden a hacer dudar de lo narrado, diluirlo en posibilidades que multiplican los polos responsables de la escritura y lectura. Esa repetida puesta entre paréntesis de la narración señala el espacio en el cual estos espejos literarios crean para sí la misma economía de medios que las películas mudas; las referencias escritas carecen de apoyos fuera del texto y que el ejercicio de mostrarse destruyéndose sólo es posible dentro de una trama que se articula por la reducción de su presencia a la de la página, a un discurso sin otra "profundidad" que la permitida por los residuos de la percepción.

LA DISTRACCION COMO VIOLENCIA: EL CASO DE LA LECTURA DE AURELIANO BUENDIA

Cien años de soledad de García Márquez parece quererse novela "total". Su lector es a la vez hedónica víctima de las múltiples proyecciones psicológicas provocadas por sus aventuras y definiciones de personajes y —a través de la hipótesis de que el texto es una traducción e interpretación de otro dejado por el gitano Melquíades— también crítico consciente de la importancia de una relectura que desplaza una primera adquisición "ingenua" de la novela. La obra sería, así, esencialmente consciente de sí misma en la arquitectura general de sus páginas y voluptuosamente olvidada de todo aquello que no sea el placer de contar en la cotidianeidad engendrada por su lectura. La novela exige un lector amante del ejercicio del anacronismo que reconoce alusiones al Renacimiento, sucesos políticos recientes, referencias literarias. Sin embargo, *Cien años de soledad* no es una novela de "cultura". Por el contrario, con una escritura que parece desear reinventar toda la literatura de un solo golpe, una mano inocente de apartes culturales figura el espejismo de una historia literaria y siglos de aquello que llamamos progreso. Con curiosa autosuficiencia, el libro sella su propio final con la muerte del último miembro de la familia en cumplimiento de la profecía de Melquíades. El prolijo "final" sugiere un mecanismo que lo destruye como tal, el de su propia relectura. Un lector que posee ya la información de cómo terminar la novela recomienza su tarea. Esta vez, es lector consciente del paréntesis implicado en toda narración y es capaz de detectar errores, mitificaciones, olvidos. También sabe que lo leído son trazos, huellas dejadas por personajes otra vez convertidos en caracteres sobre una hoja de papel.

El movimiento de estas consideraciones evoca la lectura sugerida por Cortázar para *Rayuela* donde la linealidad de una aproximación a la novela es desarticulada por otra que, salteando capítulos, desconfía del mundo del sentido visto como proyección en los personajes. Rocamadour, el bebé de *Rayuela* cuya madre —la Maga— le dirige una carta escrita en la superficie más efímera, un espejo empañado de vapor, aparece en *Cien años de soledad* junto con la figuración de los mecanismos por los cuales en la carta se combinan escritura y muerte debido a la inminente desaparición de las letras y el destinatario. Artemio Cruz es también mencionado en la novela, modulando esta vez un tiempo de inspiración política. Su nombre trae el eco del personaje de Fuentes como encarnación del instante en el cual la muerte individual es cifra de una historia revolucionaria y su duro fracaso. Así, el registro de *Cien años de soledad* reteje las lecturas de *Rayuela* y el conflicto de una revolución desembocada en la muerte y la soledad figurada en *La muerte de Artemio Cruz*. Otro sueño vuelve junto con los evocados, el de un prisma generador de efectos maravillosamente iluminadores del universo imaginado por Borges.

¿Cómo vuelven estas lecturas que vuelven? No como repetición simple sino como anotación de la pertenencia a una biblioteca común, parte de una vasta conversación que nos implica. Al transcurrir nuevamente por las páginas de *Cien años de soledad* libres del optimismo inicial en los poderes de la interpretación motivado por el papel que desempeña Melquíades en el texto, el carácter de nuestra implicación se manifestará en su doble faz: precariedad y energía ética.

EL DOMINIO FEMENINO/INCESTO Y NOMBRE PROPIO

> *—¿Es que uno se puede casar con una tía— preguntó él, asombrado.*
> *—No sólo se puede —le contestó un soldado— sino que estamos haciendo esta guerra contra los curas para que uno se pueda casar con su propia madre (p. 132).*[41]

Aureliano José pregunta sin urgencia política alguna. No le interesa saber por qué está peleando; aquello que lo mueve e inquieta es su deseo de aprehender los objetivos de su atracción por su tía. Las precauciones contra el incesto en la familia Buendía son dominio femenino, especialmente de Ursula y Amaranta. Ursula no renuncia procrear como Amaranta pero trata de permanecer virgen al comienzo de la novela aun después de su casamiento debido al temor de dar a luz a una criatura con cola de cerdo. Es, paradójicamente, su precaución la que da nacimiento al pueblo de Macondo. Su marido mata a quien osa decir que el matrimonio no ha sido consumado; la defensa de su virilidad genera un fantasma, el del asesinado, cuya sombra los lanza a la aventura de la fundación de Macondo, el primer embarazo de Ursula y el comienzo de la familia Buendía. A pesar del constante temor del nacimiento del niño con cola de cerdo todos los hijos de Ursula evaden ese destino y se reproducen durante largos años en dos

[41] La paginación se hace teniendo en cuenta la siguiente edición: Gabriel García Márquez, *Cien años de soledad*. Buenos Aires, Editorial Sudamericana; 1967.

líneas masculinas con nombres recurrentes: los Aurelianos y los Arcadios. Ursula piensa en uno de sus hijos cuando llega a la vejez, el Coronel Aureliano Buendía: "Una noche, cuando lo tenía en el vientre, lo oyó llorar. Fue un lamento tan definido, que José Arcadio Buendía despertó a su lado y se alegró con la idea de que el niño iba ser ventrílocuo. Otras personas pronosticaron que iba a ser adivino. Ella, en cambio, se estremeció con la certidumbre de que aquel bramido profundo era un primer indicio de la temible cola de cerdo, y rogó a Dios que le dejara morir la criatura en el vientre. Pero la lucidez de la decrepitud le permitió ver, y así lo repitió muchas veces, que el llanto de los niños en el vientre de la madre no es un anuncio de ventriloquía ni de facultad adivinatoria, sino una señal inequívoca de incapacidad para el amor" (p. 214).

En este mismo pasaje Ursula descubre el orgullo del Coronel Aureliano Buendía y lo equipara con la incapacidad de amar. Su hallazgo sugiere una nueva lectura de la novela donde es Ursula quien parece cumplir el papel de ventrílocua ya que su visión cambia el sentido que el lector ha dado a las páginas ya transcurridas, las hace decir de nuevo a través de su personaje. Los muchos peligros sorteados por el Coronel Aureliano Buendía son redefinidos como modos de distanciamiento de la realidad y las personas. Su responsabilidad por los hijos que engendra sin amor es mínima pero le es inevitablemente recordada por la repetición de los rasgos familiares en los rostros de las criaturas. Recurrencia de la familia a pesar del distanciamiento. Huella de una posibilidad de amor que señala, oblicuamente, su falta de realización.

¿Cómo sería nuestra lectura de la novela sin el hallazgo de Ursula? Por qué tiene este personaje el poder de hacer que el lector vuelva, repita las páginas, reteja los episodios? La comprensión del poder de re-inscribir que tiene Ursula implica un nuevo entedimiento de los personajes redefinidos, ahora, por el grado de confianza que el lector deposita en ellos. Las reflexiones citadas se le ocurren a Ursula a propósito del fin de la vida de Amaranta. La muerte encuentra a Amaranta completamente preparada para abandonar el mundo, ataviada con la mortaja recién terminada y montones de cartas escritas por quienes desean utilizarla como mensajera para el más allá. Antes de expirar Amaranta hace un gesto político al no permitir que se le acerque el cura pero pide, por otro lado, que Ursula dé testimonio de su intacta virginidad. Todo indica que el lector "conoce" a Amaranta; su nombre es ocasión que encarna diversas tradiciones y momentos culturales. La relación con Pietro Crespi la retrata simultáneamente como "mala" mujer debido a su interferencia del romance con Rebeca y tímida virgen. Pietro Crespi llega con juguetes mecánicos, valses, instrumentos musicales, poesía. Los destinos de Amaranta y de Rebeca se entrecruzan con el suyo inaugurando una historia que aparta a la novela de los rigores cotidianos de Macondo. Se trata de un interludio con las cualidades de una representación teatral. Aun cuando haya muerte, sufrimiento y muchas páginas

—muchos años— de conflicto entre los tres, una atmósfera de artificio impregna los idilios. El lector es permanentemente consciente de que a través de Crespi se entra en el mundo de los objetos manufacturados —la cultura— ya se trate de poesía o de los numerosos juguetes mecánicos que acompañan su mayor contribución a la casa: la música de la pianola. Crespi es suave y civilizado; sus rizos provocan suspiros; la casa se colma con la materialidad de otro mundo: "Habían hecho un precioso álbum con las tarjetas postales que Pietro Crespi recibía de Italia. Eran imágenes de enamorados en parques solitarios, con viñetas de corazones flechados y cintas doradas sostenidas por palomas." "Yo conozco este parque en Florencia", decía Pietro Crespi repasando las postales. "Uno extiende la mano y los pájaros bajan a comer". A veces, ante una acuarela de Venecia, la nostalgia transformaba en tibios aromas de flores el olor de fango y mariscos podridos de los canales. Amaranta suspiraba, reía, soñaba con una segunda patria de hombres y mujeres hermosos que hablaban una lengua de niños, con ciudades antiguas de cuya pasada grandeza sólo quedaban los gatos entre los escombros" (p. 97).

Adornos, nostalgia cultural, memorias transpuestas por tarjetas postales, noviazgo orquestado con lentitud escenográfica. Irónicamente, el regalo más generoso de Crespi es su propia persona; el mundo que representa termina abruptamente con su suicidio cuando el italiano simplemente deja de funcionar, se le acaba la cuerda, como uno de sus juguetes mecánicos. La muerte cierra el ciclo de Crespi en la novela del mismo modo que un artefacto recibe el toque final; un experimento ha sido completado. La delicadeza de su presencia se alimenta de una carencia que da sentido a la relación entre Amaranta y Rebeca. El odio que las une es tan sustancial, tan profundo que Crespi aparece como un efímero pretexto para cristalizarlo. La fisonomía de Amaranta es definida por su contacto con los demás y por su secreto, el de una obsesiva virgen que literalmente teje su resentimiento contra Rebeca en la forma de una espléndida mortaja que le destina sin darse cuenta de que su propia muerte precederá la de quien odia con tanta fidelidad. El romance entre Amaranta y Gerineldo Márquez enfatiza la intensidad de su comportamiento pasivo pero productor de hechos. Amaranta es el personaje femenino ideal para las ceremonias de noviazgo y muerte (como testimonia el detenimiento de la preparación de su muerte y la de Rebeca). Sin embargo, cada vez que la morosa lentitud de su comportamiento es amenazada por la inmediatez de un desenlace (casarse con Crespi o Gerineldo Márquez, cometer incesto con Aureliano José) se retrae en un tipo de inactividad y negativismo que precipita hechos tales como la muerte de Crespi. Amaranta teje diversas redes; sus sesiones con Crespi son descriptas como uno de esos ejercicios en el más literal de los sentidos: "El italiano llegaba al atardecer, con una gardenia en el ojal, y le traducía a Amaranta sonetos de Petrarca. Permanecían en el corredor sofocados por el orégano y las rosas, él leyendo y ella tejiendo encaje de bolillo, indifeentes a los sobresaltos y a las malas noticias de la guerra, hasta que los mosquitos los obligaban a refugiarse en la sala. La sensibilidad de Amaranta, su discreta pero envolvente ternura habían ido urdiendo en torno al novio una telaraña invisible, que él tenía que apartar materialmente con sus dedos pálidos y sin anillos para abandonar la casa a las ocho" (p. 97).

La calma y determinación de Amaranta son claras. Se preserva como virgen para que su asociación con Rebeca sea el más intenso vehículo de su definición como personaje. De este modo, su evitar el incesto con Aureliano José cumple la función de enfatizar aquel otro vínculo que tiene con Rebeca. Su atracción por Aureliano José señala el grado de su inmersión en el romance familiar que la hace volverse para adentro, en perpetua vigilancia de sus propios límites.[42] Su comportamiento con respecto al hecho que aguarda con la mayor ansiedad, la muerte de Rebeca, es ignorado por los otros personajes. Sólo el lector es partícipe del odio que la une a Rebeca. Rebeca no puede ser atraída y capturada en la sutil red que le brindó Aureliano José, Crespi y Gerineldo porque la cualidad de esta relación es más profunda y posee, por eso, elementos de suspenso e indeterminación. La memoria de Amaranta permanece vívida en su vejez. Recuerda los numerosos episodios sin resolución de su vida sin el efecto homogeneizador de la abstracción. Cuando Amaranta se sienta a tejer la mortaja para Rebeca lo hace sin la tolerancia del olvido, con la ansiedad de un presente perpetuo que convierte el tejido en una aventura. El error de Amaranta al suponer que Rebeca moriría antes que ella es el único factor fuera de control en su costura. Habiéndose reservado para la ceremonia fúnebre de Rebeca, Amaranta sólo puede organizar su propia despedida. Amaranta es un personaje esencialmente "novelístico" en la lectura que prevalece antes de la re-evaluación de Ursula. Su indeterminación, la lentitud de su comportamiento, curiosa pasividad que, sin embargo, precipita historias, la presentan como nudo significativo para la comprensión de los demás personajes. Por Amaranta, Pietro Crespi asume su función en el proceso de reproducción de juguetes al ir casi mecánicamente de un noviazgo a otro y comprender que la segunda vez constituyó su primer amor, Gerineldo Márquez reconoce la intensidad de su pasión en el distanciamiento de su identidad guerrera por Amaranta y adquiere, así, nueva profundidad; Aureliano José descubre su deseo de identificación con la familia a través de su ansiedad por las caricias de la tía. Lente, filtro, vehículo, Amaranta es durante muchas páginas el personaje que permite ver a los demás gracias al entrecruzamiento de sus relaciones con ella. La reconsideración del papel de Amaranta constituye, de este como, una puesta en perspectiva de los demás personajes. Como Amaranta es también presentada en contraparte con el Coronel Aureliano Buendía, el sentido que Ursula otorga a cada uno de ellos sugiere una matriz alternativa de lecturas. En la perspectiva que predomina antes de

[42] Amaranta es, en este sentido, una repetición en otro registro de las figuras de autoprotección evocadas por el Licenciado Vidriera.

su privilegiado momento de lucidez la novela se presenta como un contra punto entre el sentido de pasión, aventura, producción de niños represen tado por el Coronel Aureliano Buendía y la empecinada esterilidad d Amaranta. Es precisamente esa esterilidad la fuente de la característic teatral y artificiosa de las relaciones que Amaranta tiene con el resto d los personajes. En los pensamientos de Ursula: "Amaranta, en cambio, cuy dureza de corazón la espantaba, cuya concentrada amargura la amargaba se le esclareció en el último examen como la mujer más tierna que habí existido jamás y comprendió con una lastimosa clarividencia que las injus tas torturas a que había sometido a Pietro Crespi no eran dictadas por un voluntad de venganza como todo el mundo creía, ni el lento martirio co que frustró la vida del coronel Gerineldo Márquez había sido determinad por la mala hiel de su amargura, como todo el mundo creía, sino que am bas acciones habían sido una lucha a muerte entre un amor sin medidas una cobardía invencibles, y había triunfado finalmente el miedo irraciona que Amaranta le tuvo siempre a su propio y atormentado corazón. Fue pc esa época que Ursula empezó a nombrar a Rebeca, a evocarla con el viej cariño exaltado por el arrepentimiento tardío y la admiración repentina. . . (pp. 214-215). El cambio de opinión de Ursula con respecto a Amarant sugiere un nuevo patrón para comprenderla: el miedo. Es a través del mie do que Amaranta efectúa la transición de manipuladora a víctima y su "víctimas" se convierten, así, en una suerte de telón de fondo en la batall que Amaranta libra con su cobardía. Ursula comete un error al elogiar l sexualidad desenfrenada de Rebeca y lamentar no haber sido su madre por que olvida que el peligro del incesto puede precipitar el final de la familia La interpretación de Ursula incluye, así, una *falla*. Al retejer la novela des de la perspectiva de Ursula los personajes dicen sus destinos parcialmen te. ¿Por qué está aquejada de parcialidad la visión de Ursula? Es deci ¿cuál es la especificidad de la lectura que suscita? ¿cuáles son los términc de la lucidez que aporta al texto?

Ursula es la lectora femenina más explícita de la novela. Hace y des hace a los personajes con sus evaluaciones y tiene el poder de exploració y resolución de problemas. Ursula tiene *sentido común*. Un ejemplo extrem de la intensidad de sus dones ocurre cuando puede localizar objetos per didos a pesar de su ceguera debido no a un milagro sino a su impecabl memoria que atesora los hábitos de quienes la rodean. A Ursula le agrad poner las cosas en su sitio y es precisamente su sentido de lugar, de ubica ción, el elemento que crea la relación con Pietro Crespi cuando decide re decorar la casa, importar muebles y música. Ursula es maestra de la anéc dota, tiene control de detalles. Su sentido como personaje es ético; por es su re-evaluación de la novela consiste en el descubrimiento de una fuerz que impulsa las acciones de Amaranta y cambia su significado. El registr femenino encarnado por Ursula produce una energía que pide una coheren cia ética y psicológica para un nivel del texto. Remedios, la bella, brind algunas claves para comprender el tipo de lucidez involucrada en este nivel de interpretación. Remedios es increíblemente hermosa; su belleza se refiere por los efectos que tiene sobre otros más que como presencia autónoma. Remedios es motivo de muertes y amores desesperados, su inteligencia no es normal: "En realidad, Remedios, la bella, no era un ser de este mundo. Hasta muy avanzada la pubertad, Santa Sofía de la Piedad tuvo que bañarla y ponerle la ropa, y aun cuando pudo valerse por sí misma había que vigilarla para que no pintara animalitos en las paredes con una varita embadurnada de su propia caca. Llegó a los veinte años sin aprender a leer y escribir, sin servirse de los cubiertos en la mesa, paseándose desnuda por la casa, porque su naturaleza se resistía a cualquier clase de convencionalismos" (p. 172). Remedios, la bella, es centro de pasiones ilimitadas, intensos amores que culminan en la muerte. Su presencia es vista como emanadora de un amor cuya única base es su peligrosa belleza. La belleza en general es vista como engañadora frecuentemente en la novela. La atracción de Fernanda recubre un sombrío destino religioso y los misterios de una enfermedad "femenina" que la mantiene en constante correspondencia con sus médicos invisibles; aun la belleza de Amaranta Ursula no es lo suficientemente sustancial como para permanecer intacta durante el embarazo. Efímera o meramente equívoca, la atracción femenina cumple un papel importante en este estrato de la novela; tiene el poder de ser un punto de partida de historias. Remedios, la bella, es un caso extremo de la polarización entre belleza y cierto tipo de inteligencia: "Cuando el joven comandante de la guardia le declaró su amor, lo rechazó sencillamente porque la asombró su frivolidad. 'Fíjate qué simples', le dijo a Amaranta. 'Dice que se está muriendo por mí como si yo fuera un cólico miserere'. Cuando, en efecto, lo encontraron muerto junto a su ventana, Remedios, la bella, confirmó su impresión inicial. —Ya ven —comentó— era completamente simple" (p. 172).

Remedios, la bella, posee un lenguaje basado en directas referencias materiales; su comprensión de la palabra hablada y de los hechos es estrictamente *literal*. La risa provocada por algunas de sus comparaciones es una respuesta tanto a la pobreza de su marco de referencias como al poder que posee para generar relaciones sorprendentes. El personaje de Remedios, la bella, sugiere la posibilidad de pensar en una relación con la realidad cuya fuente esencial sea representada por el cuerpo. Al hablar, Remedios articula la voz de un cuerpo inocente del primer nivel de representación lingüística, la abstracción. Es por esa inocencia, por el carácter profundamente anti-intelectual de su ser que puede ser vista como un extraño espejismo donde asume alternativamente la forma de una imbécil o de alguien con una inteligencia sobrenatural: "Parecía como si una lucidez penetrante le permitiera ver la realidad de las cosas más allá de cualquier formalismo. Ese era al menos el punto de vista del coronel Aureliano Buendía, para quien Remedios, la bella, no era en modo alguno retrasada mental, como se creía, sino todo lo contrario. 'Es como si viniera de regreso de veinte años de guerra' solía decir" (p. 172). En esta visión, el lenguaje de Remedios es cifra, fruto de sabiduría, síntesis que elimina lo trivial. En lugar de ser retrasada mental, posee el don de la brevedad; en vez de carecer de poder de abstracción y vocabulario adquiere la elocuencia atribuida a las religiones, la poesía, la filosofía aforística. Remedios, la bella, encarna la seducción de un equívoco camino hacia el conocimiento; ella es simultáneamente meta —debido a su codiciada hermosura— y vehículo para alcanzarlo por la privilegiada sabiduría de su lenguaje puro. Incapaz de asimilarse a la vida cotidiana, Remedios, la bella, abandona la novela después de desempeñar su función: ser el ejemplo más extremo de "presencia" en el registro femenino del texto. En *El informe de Brodie* Borges conjetura un rey perfecto a quien se corona después de elegirlo al azar entre un número de bebés. Una vez seleccionado, todos sus orificios son cerrados para que nada lo distraiga del conocimiento. En *El obsceno pájaro de la noche* José Donoso inventa una criatura similar que una vez nacida no será rey sino salvador. Amaranta, guardiana de su virginidad, Fernanda prisionera de la religión y su imaginaria correspondencia médica, Remedios, la bella, toda cuerpo; Rebeca vuelta a comer tierra después de lo que retrospectivamente parece un mero interludio anecdótico, las prostitutas fieles a su sexualidad son re-escrituras de imágenes de autopreservación. Constituyen intentos de delinear el tipo de presencia que otorga materialidad a la narración; es decir, se presentan más como ocasión para que cambien los otros que como posibles de cambio. Aparentemente fuera de la aventura, son —por ello— causantes de aventuras. En este contrapunto Ursula representa el *sentido común*. Sus capacidades brillan en ese nivel casi ahistórico en el cual se pierden los objetos, nacen bebés, se instituyen periodos de luto, hay limpiezas generales de la casa. Su memoria es una llave que le permite ver el pasado y resolver problemas presentes. Desde la perspectiva de Ursula, la novela aparece como una serie de cadenas anecdóticas que incluyen un breve momento político en el cual Ursula toma el poder para tratar de devolver las cosas a una antigua armonía. Es decir que cuando Ursula está implicada en el proceso histórico, su tendencia es volver al pasado. La memoria, esa capacidad de regreso, carece de tensión debido a su pasmosa eficiencia en el caso de Ursula. El poder de revelación de Ursula reside en el sentido común —que en el contexto de *Cien años de soledad*— implica una falta de urgencia que la salva de accidentes. Tejer, esperar, memoria fiel e impecable, modos de silencio encarnados por lo femenino. . . Cuando Ursula relee la novela comete errores. Sería, sin embargo, impreciso pensarlos como interpretaciones equivocadas ya que la intención de Ursula no es interpretar sino *entender*. Ursula no busca dar una llave que integre todos los aspectos de la novela, prefiere desplegar secuencias individuales de hechos y advertir cada una de sus motivaciones.

Ursula y Amaranta figuran en el nombre del personaje femenino que cumple la función de terminar con la familia. Así, se transmiten sus nombres y también el apellido. Ursula Amaranta Buendía aparece ante el lector como depositaria de una misión estética: ser vehículo de un desenlace para la temida profecía de Melquíades.

INTERPRETACION Y SILENCIO

¿Qué cambia al abandonar el espacio del silencio? ¿Adónde nos conduce el rechazo de la seducción de la lectura en el registro de Ursula, de los artefactos, las anécdotas, los nombres nítidamente separables? Accedemos a otro dominio donde los personajes están sujetos a una confusión de nombres repetidos, un nivel de guerras, descubrimientos, historia.

Al dejar de lado el registro femenino de la novela perdemos la capacidad de distinguir, de nombrar. Cuando José Arcadio busca a Pilar Ternera antes de saber su nombre en una secuencia que aparece re-inscripta en *El otoño del patriarca* anda a tientas sin saber a qué va ni exactamente qué busca, atraído sin embargo por la presencia de la mujer que le aguarda en algún rincón de un cuarto confuso donde otros cuerpos descansan y cuya diferencia con el propio y con aquel que desea es frágil y móvil. La mujer que busca José Arcadio es a la vez única y anónima; va hacia ella como parte de un ejercicio de exploración y conocimiento. Aprehender la presencia femenina significa lanzarse hacia un peligroso destino desconocido; el abandono de sí mismo experimentado por José Arcadio es un paso de autoconocimiento. Tanto en *Cien años de soledad* como *El otoño del patriarca* los contactos eróticos realizados en la indeterminación y la oscuridad se refieren como maneras de soledad; es que a través de ellos la indiferencia hacia el otro comienza a dibujarse. Hacer el amor se convierte en otra cosa, recibe su sentido de aquello que oculta o de algo ulterior hacia lo cual apunta. El tiempo presente del hecho es mero punto de referencia y no fin en sí mismo. La muerte está omnipresente. Remedios, la bella, es su testigo sonriente; un Aureliano muere antes de unirse con la virgen que lo aguarda como parte un trivial error de interpretación, la escuálida prostituta que se vende a miles de hombres como mera superficie donde su deuda con la abuela es re-escrita cuenta cuerpos con resignación, el coronel Aureliano Buendía reproduce su rostro en hijos cuyas olvidadas madres son dejadas de lado sin emotividad. . . Un sentido de distanciamiento impregna las relaciones eróticas en la novela aun cuando sean descriptas como apasionadas. Ese curioso tono surge debido a que los acoplamientos no son fines en sí mismos. Son parte de un monólogo, vehículo para otra cosa. Esa *otra cosa* es sólo accesible por el deseo de obtenerla. Mantiene la intensidad de la búsqueda en la oscuridad porque —en el último análisis— su continuidad depende de haber, desde siempre, dejado de lado su objetivo al mismo tiempo que trata de alcanzarlo. El otro será devorado o entrará en el olvido. El lector confunde los personajes masculinos de la novela sin sentir mayores incomodidades. No son definidos como presencias —como los femeninos— sino que aparecen en la circulación de sus aventuras, el cambio de sus caprichos. Son leídos como proceso, peripecia. Poseen aquel nivel de la novela donde cunde la política, la historia, la filosofía.

Cuando Ursula se equivoca, falla en su re-evaluación de los personajes al llegar a conclusiones invalidadas por el curso general de la novela; demuestra el tipo de lector que encarna. Su maestría del detalle y su vívida memoria son parte de un mundo ferozmente material donde, sin embargo, la oscuridad juega con las identidades. Los errores provocados por la oscuridad carecen de importancia desde otra perspectiva y es por eso que las facultades de Ursula para la identificación de minucias aun en los casos más sorprendentes, resultan triviales en la relectura. Esa otra perspectiva caracterizada negativamente nos aparta del nivel autónomo, reconocible del registro femenino, de esos personajes que detentan una forma especial de silencio con una materialidad no discursiva. Una notación positiva nos llevaría a interrogarnos sobre la búsqueda de José Arcadio en la oscuridad. ¿Qué esconde esa oscuridad? En otros términos ¿qué deviene un *secreto* por la oscuridad? Es precisamente el primer nivel de lectura. Sin él podemos confundir a Ursula con cualquier otra mujer, los nombres nítidamente definidos se han vuelto cháchara. Así, este nivel de lectura esconde al otro. Lo mantiene en la oscuridad. Produce un velo que permite la melancolía (el deseo de aprehender algo pasado irremediablemente perdido). Mientras que el primer nivel de lectura evocaba una memoria impecable y precisa, lo que mueve al segundo es un sentido de ausencia, de algo extraviado mucho más básico que un pasado real, algo *original* que acaso nunca existió.

Amaranta Ursula —a quien Ursula enseña a leer— vuelve a Macondo con un esposo a quien trae con un hilo de seda alrededor del cuello en comentario humorístico de las redes tejidas por Amaranta. Su nombre propio *anuda* concretamente cada una de las partes que lo componen para realizar de este modo aquello que quedó sin finalizar por los otros personajes. Realiza el sueño de Ursula al tener la intensa sexualidad de Rebeca y completa el diferido incesto de Amaranta. Así, Amaranta Ursula, fiel a su nombre, despliega su sentido al convertirse en la tía con quien se realiza el incesto. El Aureliano José que formuló la pregunta acerca de la posibilidad de casarse con la propia tía ha muerto y es reemplazado por otro Aureliano que se entrelaza con Amaranta Ursula. La familia Buendía termina en la única forma que se aquietan los miedos más profundos: por su confirmación. Los amantes dan a luz a un niño con cola de cerdo. Amaranta Ursula muere después de ser vehículo para el final y Aureliano permanece. Sin prestar atención al bebé que está siendo arrastrado por hormigas coloradas, Aureliano descubre la interpretación del manuscrito de Melquíades: "Aureliano no pudo moverse. No porque lo hubiera paralizado el estupor, sino porque en aquel instante prodigioso se le revelaron las claves definitivas de Melquíades, y vio el epígrafe de los pergaminos perfectamente ordenados en el tiempo y en el espacio de los hombres: 'El primero de la estirpe está amarrado a un árbol y al último se lo están comiendo las hormigas' " (p. 349). Su distracción del resto es vista como lucidez: "Aureliano no había sido más lúcido en ningún acto de su vida que cuando olvidó a sus muertos y el dolor de sus muertos, y volvió a clavar las puertas y las ventanas con las crucetas de Fernanda para no dejarse perturbar por ninguna tentación del mundo, porque entonces sabía que en los manuscritos de Melquíades estaba escrito su destino" (p. 349).

El olvido de las hormigas y el destino de su hijo es fundamental para a comprensión que Aureliano tiene de la profecía de Melquíades ya que la novela termina con la muerte del resto de los personajes. Este momento de a novela puede ser llamado interpretativo en el sentido estricto del término; el desciframiento y las tareas de traducción han terminado haciendo que el manuscrito de Melquíades pueda leerse como si estuviera escrito en el idioma de Aureliano. El punto de vista imperante no es ni melancólico ni de ntención rememorativa; al mismo tiempo que el último bebé de la familia —el único engendrado con amor nos dice la obra— es arrastrado por las hormigas, el incesto deshace el misterio de Melquíades y da a luz a un crítico-intérprete. Aureliano ha encontrado en su práctica la respuesta a la pregunta de su predecesor, Aureliano José y se ha librado del nivel de cháchara (anécdota), de lo psicológico, lo moral, lo político para crear un espacio que le permita desplegar la verdad de Melquíades. Distanciado del mundo exterior, con la vieja casa —el teatro de la novela— defendiéndolo de influencias ajenas, Aureliano literalmente *suspende* la narración. No habrá más lutos ni ceremonias, el bebé arrastrado por las hormigas se lleva consigo al resto de la familia. Su desaparición anuncia que la única forma de lectura que puede continuar es la de interpretación y distanciamiento, la de interpretación como distanciamiento.[43] Pero nos equivocamos si con ello concluimos que la novela se cierra con una noción "pluralista" o abierta. Cuando Aureliano clausura su casa y se convierte en crítico-intérprete, el libro que leemos figura para sí la misma clausura. Este carácter cerrado de lo leído prevalece a pesar de que al liberar las páginas de Melquíades de la oscuridad del significado a que estaban sometidas hay un nivel de incertidumbre que surge, una fisura que relativiza nuestra lectura. ¿Qué pasa si abandonamos a Aureliano? Al dejar su posición, es decir la proyección en el interés de Aureliano por Melquíades, y tomar la opuesta mirando aquello que él no quiere ver, regresamos a la clave ética. Lo no visto, lo dejado de lado, el trabajo asesino de las hormigas es el presente y el pasado de una familia. Su rechazo lo convierte en vehículo por el cual los hechos se convierten en

[43] También violento —esta vez por su carácter ilegible— es el destino de la carta que a Maga escribe a Rocamadour en *Rayuela*. La identificación del bebé o el recienacido con n nivel de escritura y lectura más acá de la interpretación circula en *Cien años de soledad* en la obra de Cortázar. Los alcances de la definición del dilema son variados; uno de llos nos lleva a la idea de que la lectura crítica le está vedada a ese mundo entendido como emenino (ya que en ambos autores es claro que la zona de la infancia es dominio de las ujeres). No estamos, sin embargo, ante una celebración de la masculinidad como localización del momento interpretativo. Creo que en estas dos obras se reeditan clisés sobre la asividad y el instinto de exploración como radicados en diferencias genéricas con una uerte de resignación.

caracteres sobre un papel. La indiferencia que ha debido crear en sí mismo para ser un estudioso eficiente de Melquíades sugieren que su ejercicio de interpretación no carece de violencia. Para llegar a sus resultados debe alimentarse de la marginación de las mismas referencias que en otro nivel parece querer leer. Aureliano lee la historia propia y la de su familia indiferente ante la muerte, distraído del presente mientras que otro lector que lo lee leyendo el libro contempla aquello que Aureliano ha debido rechazar.

No hay sentido optimista de interpretación abierta en *Cien años de soledad*. La fascinación por la letra, por aquel objeto que puede ser un libro o —a la manera de Borges— un instante privilegiado donde el universo se brinda simultáneamente se apoya en un empecinado dejar de lado de la vibrante realidad presente. El lector abandona *Cien años de soledad* no tanto como Aureliano, el crítico intérprete, sino como un término engendrado por la modesta y falible perspectiva ética de Ursula. Esta vez el lector sabe que los objetos perdidos sólo pueden ser localizados en el espacio de un libro cuya relectura es un juego con el olvido, la memoria, la nostalgia y esa forma de crueldad con el instante actual: la interpretación.

OBSERVEMOS A LAS MUJERES

FIGURAS FURIOSAS

Desde un rincón del tiempo algo se desplaza para volver y ser visto *desde la otra orilla.* Algo devastadoramente conocido, familiar que ahora amenaza sin que se pueda saber cómo controlarlo. Es la intuición de un pozo, de aquello que el conocimiento sólo llega a apreciar a través de una respuesta de temblores, disculpas, silencios, materiales para historias que dejan eso pendiente como un hilo eléctrico al cual, sin embargo, no podemos dejar de acercarnos porque es parte inevitable de nuestro estar aquí.

Julio Cortázar, jugador jugado en su propia obra, como tantas veces gustó decir tejió esos peligrosos momentos en grandes zonas de sus cuentos, novelas y ensayos donde la noción de lo inacabado que vuelve de modos desconcertantes predomina a veces hasta en los títulos.[44] Si ese regreso ha sido una de las características fundamentales de lo fantástico, su ubicuidad no debe dejarnos olvidar una de las cualidades de la vuelta: la violencia, el terror de sus placeres, la atracción de sus meandros.

En "La banda"[45] una ida al cine para gustar de los encantos hasta cierto punto domesticados por la distancia de una película extranjera, un personaje es forzado a ver una actuación en vivo que, advierte más tarde, está dada por chicas de la fábrica Alpargatas. El público le asusta, le hace sentirse aparte, lo convierte en espectador de algo que sólo puede describir en términos de violencia.

> La banda terminó la primera marcha y las señoras rivalizaron en el menester de celebrarla. Durante el segundo número (anunciado con un cartelito) Lucio empezó a hacer nuevas observaciones. Por lo pronto la banda era un enorme camelo, pues de sus ciento y pico de integrantes sólo una tercera parte tocaba los instrumentos. El resto era puro chiqué, las nenas enarbolaban trompetas y clarines al igual que las verdaderas ejecutantes, pero la única música que producían era la de sus hermosísimos muslos que Lucio encontró dignos de alabanza y cultivo, sobre todo después de algunas lúgubres experiencias en el Maipo (p. 108).

[44] El gusto por títulos como *La vuelta al día en ochenta mundos* (que evoca otro libro que desarregla al repetir) o *62, Modelo para armar* (cuya relación con *Rayuela* es, a la vez, obvia y equívoca) es uno de los aspectos de la obra de Cortázar donde lo nuevo se revela como disfrazado de algo inquietantemente—familiar.

[45] "La banda", de *Final del juego* (Buenos Aires: Sudamericana, 1964). Las citas de este cuento en el texto se hacen de acuerdo con la paginación de la edición de Sudamericana de 1974.

Lucio espera su película de Anatole Litvak procurando evadirse de la banda pero extrañamente agredido por ella. El narrador —un amigo suyo— aclara que debe haber sido la vulgaridad del festival, la falta de mesura del público.[46] Si esos motivos constituyen la delimitación de su isla de observación, su superioridad reside en poder ver a "las nenas" como compitiendo con las bailarinas del Maipo. Al hacer esa observación, Lucio se convierte en consumidor de un espectáculo para su beneficio. Su machismo barato lo coloca por encima de las torpezas de la banda; él sabe que lo más importante es ver las piernas de las chicas cuyos talentos musicales son mera tentativa de anzuelo. Es una percepción tranquilizadora, una constatación de control de la experiencia.

Lucio es radicalmente distinto del resto del público, constituido por parientes de las muchachas: "Bastaba con ser la madre de una de las chicas para hacerse la perfecta ilusión del desfile, máxime cuando al frente evolucionaban ocho imponderables churros esgrimiendo . . ." (p. 109). Su no ser madre de las chicas le permite llamarlas "churros" y burlarse cómodamente del motivo aparente del festival saboreando el espectáculo de una sexualidad joven y tímidamente exhibicionista.

Hasta aquí, la experiencia de Lucio —que nos llega de segunda mano, narrada por un amigo— parece centrarse en la vulgaridad de unas muchachas obreras y sus familias vistas desde la perspectiva de una clase media con veleidades intelectuales presuntamente compartidas por un lector implícito. Pero el espectáculo no es inofensivo. Lucio es agredido por la función a un nivel más misterioso y elusivo.

Cuando comienza la esperada película de Litvak, la banda permanece en el seno de su percepción, le impide concentrarse: "ni siquiera durante la película, que era excelente, pude quitarme de encima una sensación de extrañamiento" (p. 109). Los motivos del extrañamiento que se dan en forma explícita son claros: "el mentido programa, los espectadores inapropiados, la banda ilusoria en la que la mayoría era falsa, el director fuera de tono, el fingido desfile. . ." (p. 110).

Parece tratarse de una historia de orgullo burlado, una especie de higiene snob por la cual la clase media busca aislarse de la pompa obrera, fuera de lugar en un cine del centro de Buenos Aires. Es en este momento cuando el adocenamiento de la respuesta de Lucio ante la función, su afán de controlarla por medio de los clisés machistas y reacciones típicas de su clase, comienza a dar fuerza a la extrañeza que crece en el lector.

Lucio ha sido caracterizado como *normal* hasta el punto de causarnos irritación. El final del cuento enfatiza una raíz secreta para su percepción de lo ocurrido y dibuja un futuro impreciso para su vida subsiguiente: Se habla de un destierro y se deja de lado la hipótesis de que Lucio lo haya emprendido por causa de su experiencia. Sin embargo, esta información

[46] Es difícil dejar de notar el contenido clasista de comentarios que denotan la amistad entre Lucio y el narrador. Es una sensibilidad pequeño burgresa anti-obrera que resulta criticada cuando, al final, el lector desconfía del testimonio del narrador.

—dada por el amigo que relata el resto de la anécdota— viene desvalorizada y sugiriendo lo opuesto: "En realidad no hay por qué andar exagerando las cosas. A lo mejor el cambio de vida y el destierro de Lucio le vienen del hígado o de alguna mujer. Y después que no es justo seguir hablando mal de la banda, pobres chicas" (p. 111).

"*En realidad* [...] pobres chicas"; ¿a quién están dirigidas estas señas de complicidad? ¿Quién comparte este lenguaje paternalista y simplificante? El lector rechaza este tono, y al hacerlo, da vuelta lo narrado para contemplarlo *otra vez* desde su alejamiento. Lo escuchado cambia ahora. En vez de desconfianza hacia Lucio emerge un distanciamiento con respecto a quien nos trae la historia.

Se ha armado otro espectáculo. El misterio no podrá ser develado porque la versión que nos llega se nos da a partir de una voz no dispuesta a dejarse fluir hacia lo desconocido, hacia aquello que con mínimas razones precipita enormes cambios. La sospecha de que el amigo de Lucio es, a la vez, quien menos entiende lo ocurrido crea un nuevo pacto entre dos ausentes: el lector implícito y Lucio cuya partida señala un horror apenas enterevisto por la narrativa ofrecida. El lector *espía* tratando de establecer nuevas circunferencias con la convicción de que la vida cotidiana está hecha de intromisiones explicables por alguna otra lógica, acaso la de un exilio por el cual el lenguaje diario se manifiesta en sus capacidades de obstrucción por sugerencia.[47]

LA ETICA DEL ESPIA

Final del juego tiende escenarios como redes que atrapan a quienes desean observar. La relativa calma de "La banda" y "Axolotl", el sereno misterio del cuento que da título al volumen, la precisión con que el viajero es atrapado por la incertidumbre en "La puerta condenada" ceden lugar a la furia de "Las Ménades".[48]

El relato en primera persona presenta nuevamente a alguien que va a un espectáculo público cuya "realidad" es descripta en forma peyorativa. Esta vez se trata de un concierto cuyo programa, establecido por un conductor no demasiado respetado por quien narra, está planeado con el deseo evidente de manipulación de su público:

[47] La posición de un testigo que accede a la información sin invitación previa y termina enredado en su juego es frecuente en la obra de Cortázar. Acaso el ejemplo más radical del observador que pierde control del propio discurso e identidad corporal se da en otro cuento de *Final del juego,* "Axolotl". "Axolotl" puede ser leído como un ejercicio que desmantela la actividad del testigo "neutral" para demostrar que toda intensa observación conlleva la erosión de los límites entre sujeto y objeto. De este modo, el papel de quien da testimonio se vuelve cuestionable debido a la movilidad constante de su posición destinada, en útimo análisis, a desvanecerse en sus propios resultados.

[48] La paginación de las citas se hace siguiendo la edición anteriormente referida de *Final del juego.*

Una vez más el viejo zorro había ordenado su programa de concierto con esa insolenta arbitrariedad estética que encubría un profundo olfato psicológico, rasgo común en los régisseurs de music-hall, los virtuosos del piano y los match-makers de lucha libre (p. 53).

El teatro tiene, según el narrador, "caprichos de mujer histérica". La función despliega su percepción inicial con prolijidad. La arbitrariedad de la elección de las piezas del programa revela un profundo conocimiento de un público con una lealtad a toda prueba. El entusiasmo crece en la sala con cada nota y provoca un verdadero frenesí entre quienes lo comparten. No se trata de una concurrencia que tiene el distanciamiento de críticos musicales. Por el contrario, las mujeres que colman el teatro parecen respirar la presencia del Maestro, puesto ahora en el papel de oficiar en una ceremonia de comunión.

La admiración de las mujeres es pegajosa, se traduce en humores que fluyen, en una simpatía violenta con la música, un sentido gregario que pronto amenaza con acabar con el centro de atención alrededor del cual se arremolina. El grupo desordenado de estas mujeres que idolatran al Maestro recuerda la pasión de aquellas madres que en *62 Modelo para armar* destruyen las muñecas que M. Ochs ha hecho para sus hijas en el afán de encontrar dinero escondido o, acaso, salvar a sus niñas de un descubrimiento atroz en el interior de los juguetes. El amor de estas madres como el de las Mujeres en "Las Ménades" causa horror a quien —desde afuera— nota su capacidad destructiva, traduce brazos en tentáculos.[49]

¿Cuál es el verdadero espectáculo en este cuento? Es el de las mujeres en un momento de pasión colectiva. Su arremeter contra el Maestro al final del concierto es visto como un avance de guerra; intuimos algo repugnante en esa voluntad de apropiación descripta en términos animalescos. Algunos hombres presentes en el teatro (el Maestro, los músicos, algunos acompañantes de las mujeres) son vistos indudablemente como víctimas del exceso femenino:

Cuando consideré que ya estarían afuera, eché a andar en la escalinata de salida, y en ese momento asomaron al foyer la mujer vestida de rojo y sus seguidores. Los hombres marchaban detrás de ella como antes y parecían cubrirse mutuamente para que no se viera el destrozo de sus ropas. Pero la mujer vestida de rojo iba al frente, mirando altaneramente, y cuando estuve a su lado vi que se pasaba la lengua por los labios, lenta y golosamente se pasaba la lengua por los labios que sonreían (p. 70).

[49] Las madres parecen pertenecer a una suerte de tercer sexo cuyas motivaciones son distintas de las del resto de los hombres y mujeres del universo. *62 Modelo para armar* ofrece el ejemplo más intenso al respecto. El personaje de la Maga en *Rayuela* está escindido debido a su incapacidad de satisfacción con un papel exclusivo ya sea de madre o de amante; la "solución" de la novela la convierte en figura de inadecuación.

En la literatura de Georges Bataille, también obsesionado por ménades y la condesa sangrienta como Cortázar, la sexualidad maternal es una llave hacia el conocimiento de una perversidad cruel cuyas puertas conducen hacia el miedo como clave para el placer. Si bien Cortázar nunca tocó los abismos de *Ma Mère* de Bataille, ecos del mismo pavor aparecen en su obra.

El Maestro ha sido devorado por su público femenino, los maridos o novios acompañantes salen con las ropas desgarradas; el espectáculo ha sido definido de una vez por todas.

La mirada que aisla a las mujeres adoradoras del Maestro es masculina como aquella que narra el episodio de "La banda". En ambos relatos la excitación de las mujeres hace posible montar algo de dudoso gusto cuyo despliegue ofende a quien observa. Más allá de la hostilidad de la mirada que narra, interesa ver las características de su enmarque, la capacidad de definición de su lente.

Las chicas de "La banda" con sus madres parecen haber sido lo suficientemente horrorosas como para que Lucio abandonara el país; las mujeres de "Las Ménades" reactivan un antiguo rito donde pasión y furia femeninas se suceden en un continuo ineluctable. Quien observa en "Las Ménades" establece su capacidad de observador distanciado al principio cuando desprecia el programa que ha elegido ver.

El desplazamiento de la mirada que va del escenario hacia las plateas y balcones donde está el público involucra también una reflexión acerca de su propio estar ahí: "Yo veía todo eso, y me daba cuenta de todo eso, y al mismo tiempo no tenía el menor deseo de agregarme a la confusión, de modo que mi indiferencia me producía un extraño sentimiento de culpa, como si mi conducta fuera el escándolo final y absoluto de aquella noche" (p. 69).

¿Qué es esa conducta que no guarda una relación adecuada con los hechos? Para el lector los únicos indicios residen en la narrativa entendida como los avatares de su propia capacidad de retratar.

Al aislar la pasión de las mujeres y convertirla en centro de lo contado quien narra se ha convertido en juez implacable contra sus excesos.

La indiferencia con que observa las reacciones de las mujeres implica que su tarea está dirigida hacia la creación de otro polo: un interlocutor que comparte con simpatía su falta de participación. Así, el observador deviene espía. Su estar en el teatro es sólo ilusión gregaria con el público del concierto. Tampoco está tan solo en su circunstancia como a veces parece sugerir el texto. Su compañía es ese factor virtual que le permite el distanciamiento, recoge los resultados de su indiferencia y comparte el tono de su visión de una ceremonia de ménades vuelta a actualizarse en un teatro.

El "escándalo final y absoluto de aquella noche" es la presencia de este espía y la calidad de su informe para los lectores, la posibilidad de *otra* excitación generada esta vez por las páginas de su testimonio y dirigida en contra del público del concierto.

La violencia de la mirada que, indiferente, denuncia el miedo ante la pasión femenina se convierte en nudo problemático y posibilidad de una lectura distinta. Si el asco ante el exceso y la condescendencia ejercida en contra del mal gusto del programa primaban en el informe antes de su desplazamiento hacia el reconocimiento de las mujeres como ménades, lo que predomina ahora es el foco ético de la visión.

¿Quién comparte su asco y su condescendencia? ¿Quiénes son los amigos a quienes dirige este informe, el grupo *del otro lado* cuya propia violencia en la amistad suscita la culpa del narrador?

Es claro en "La banda" que esos amigos serían semi-intelectuales de clase media con tendencias a una fácil hilaridad de complicidad machista en una primera lectura que, al ser desmantelada por la duda, da vuelta la historia como un guante dejando a las "chicas" y a la experiencia que suscitan como un interrogante. En "Las Ménades" el resorte que nos trae el relato *de vuelta* para verlo *otra vez* a partir de la interlocución que implica es menos evidente.

La "señora de rojo" cuya violencia es destacada en el cuento queda como testimonio dado por un espía vergonzoso cuya culpa es indicio de que hay algo fundamentalmente reprobable en la tarea que ha ejercido. Sin embargo, el cuento sugiere la inevitabilidad de esa carga, la necesidad de incorporarse a la cadena de espectador-espectáculo y dar testimonio aun de aquello cuya crueldad es casi inasimilable porque no permite testigos puros.

FIJAR LA MIRADA

Este sentimiento de lo fantástico, de algo extremadamente familiar que debemos contemplar con diligencia hasta que se brinde en sus proliferaciones enigmáticas cuestionando nuestra capacidad de dar testimonio, haciendo del testigo alguien que *no está ahí del todo* debido a encontradas lealtades, se da en Cortázar no sólo en relatos donde se juega con experiencias privadas sino también en el entretejido histórico.

En "Recortes de prensa" [50] leemos de manera suscinta y, a la vez, más radical algo que ya se sugería en *Libro de Manuel*. El cuento, parte de *Queremos tanto a Glenda*, es una red que hace converger recortes de prensa narrando torturas y desapariciones en Argentina con un recorte de *France Soir* donde se informa sobre un crimen ocurrido en Marsella. Al principio del relato se nos hace saber que el recorte de *France Soir* es imaginario, mientras que los referentes a Argentina son verdaderos. Quienes intercambian estas informaciones son, como en *Libro de Manuel*, personajes alejados del teatro donde suceden las acciones pero afectados por ellas de modos que les resulta inminente explorar. En este caso se trata de Noemí, una escritora cuya voz narra la historia y un escultor argentino que le pide un texto acerca de su obra.

El primer encuentro entre ambos comienza con una presentación de las esculturas que revelan afinidades políticas y estéticas: "Me gustó que en el trabajo del escultor no hubiera nada de sistemático o demasiado explicativo, que cada pieza contuviera algo de enigma y que a veces fuera nece-

[50] "Recortes de prensa", Julio Cortázar, *Queremos tanto a Glenda* (Madrid: Alfaguara, 1981). La paginación se hace de acuerdo con esta edición.

sario mirar largamente para comprender la modalidad que en ella asumía la violencia; las esculturas me parecieron al mismo tiempo ingenuas y sutiles, en todo caso sin tremendismo ni extorsión sentimental" (p. 66). Una vez establecido el vínculo, leen juntos recortes sobre Argentina y, ganados por el cansancio se despiden.

La narradora, perseguida por el horror del recuento de las torturas, camina de noche por la calle para encontrar, a su vez, un drama privado de violencia y erotismo. Una nena es su guía y le hace participar en una escena de sadismo doméstico: "Dándome la espalda, sentado en un banco, el papá de la nena le hacía cosas a la mamá; se tomaba su tiempo, llevaba lentamente el cigarrillo a la boca, dejaba salir poco a poco el humo por la nariz mientras la brasa del cigarrillo bajaba a apoyarse en un seno de la mama, permanecía el tiempo que duraban los alaridos sofocados por la toalla envolviendo la boca y la cara salvo los ojos" (p. 76). Lo que sigue es breve: la narradora descarga un taburete sobre el hombre y, ya no espía sino elemento de la acción, ayuda a la mujer a librarse de sus ataduras para advertir, con horror, que ella recomenzará la tortura del hombre.

La posterior huída de Noemí, su escritura de los hechos como un texto para el escultor, la confusión entre las torturas argentinas y un drama privado desplazado de Marsella a París y, por eso, de cuestionable ocurrencia en el relato, son elementos que se unen al recuerdo de alguna página de Jack London donde hay la superimposición de dos modos de conducta "... un trampero del norte lucha por ganar una muerte limpia mientras a su lado, vuelto una cosa sanguinolenta que todavía guarda un resto de conciencia, su camarada de aventuras aúlla y se retuerce torturado por las mujeres de la tribu que hacen de él una horrorosa prolongación de vida entre espasmos y alaridos..." (p. 78).

No es difícil advertir que todos estos textos son puertas que se comunican: recortes de madre denunciando torturas en Argentina, la ubicuidad de las mismas maniobras físicas operando el contacto de cuerpos en algún lugar de Marsella, la crueldad de las mujeres en alguna tribu evocada por Jack London. Superimposiciones de pedazos de información cuyas costuras son firmes e implacables.

El relato es de textura claustrofóbica. Hacia el final, la hipótesis de que la nena que había servido de guía está en París es confirmación de que todo se une en el seno de una experiencia donde el factor más desconocido es el testigo, la calidad que su visión va a adquirir cuando el suceso se transmute en un texto.

El testimonio de Noemí tiene un futuro estrecho ya que estará cosido a la visión de las enigmáticas esculturas descriptas al principio del relato, producto de un argentino exiliado en París; el grito de horror ante lo visto será encarnado en objetos sometidos a diversas versiones, encasillados en la relativa inmutabilidad del arte. Noemí no da una explicación sino una nueva encarnación de los enigmas presentados por los recortes de prensa.

La claustrofobia no surge de la hipótesis de un solo cuarto para un mismo suceso constantemente repetido, es la figuración de un continuo en el cual la aparente disimilitud de hechos se desvanece para mostrarse en toda su homogeneidad. Un paréntesis se abre, así, sobre la naturaleza de estos hechos, la definición de sus orillas, el porqué de su insistencia.

Una primera aproximación devela que estas puertas intercomunicantes son entradas hacia espectáculos de violencia en progresión infinita.

Como Mecha, quien en "Pesadillas"[51] despierta de su sueño comatoso para internarse en la horrible realidad de la violencia en Argentina, Noemí no encuentra satisfacción moral al salvar a la mujer de los excesos de su hombre. El escultor y Noemí, afuera y adentro de la realidad presente, tratan de ser traductores de lo que sucede a su alrededor en un registro que les brinde una clave ética. Pero el camino debe ser recorrido con sigilo y enorme cuidado porque el lenguaje *y la historia* precipitan modos de comunicación que traicionan los motivos originales de la conversación:

> "Las que sobrevivieron fueron fusiladas esa misma noche de Navidad" —leyó en voz alta el escultor—. A lo mejor les dieron pan dulce y sidra, acordate de que en Auschwitz repartían caramelos a los niños antes de hacerlos entrar en las cámaras de gas.
>
> Debió ver cualquier cosa en mi cara, hizo un gesto de disculpa y yo bajé los ojos y busqué otro cigarrillo (pp. 68-69).

El episodio por el cual Noemí se compromete en el crimen de Marsella brinda la figura de su contaminación, el espacio del encierro que comparte con el escultor. Que ese crimen no haya sido parte de un "verdadero" recorte de prensa es un elemento que lo alza en vilo para iluminar el sistema de relaciones que une a narradora y personajes del cuento entre sí. La calidad de la participación de Noemí en el crimen desmantela su desasimiento del "chiste" que hace el escultor con respecto a la sidra antes del fusilamiento. No hay bajada de ojos posible. El espectáculo rehusa la prolija diferencia entre público y ficción. El resultado es la condena a una visión continua, una mirada fija que es sujeto y objeto de sus percepciones. Adentro y afuera como en una cinta de Moebius tanto para la violencia como para el chiste.

FURIA

> ...Y a la vez había algo allí que acaso explicaba que el cuadro estuviera solo en la última sala, de las semejanzas aparentes surgía ahora otro sentimiento, una progresiva convicción de que esa mujer no sólo se diferenciaba del otro personaje por el sexo sino que su actitud, el brazo izquierdo colgando a lo largo del cuerpo, la leve inclinación del torso que descargaba su peso sobre el codo invisible apoyado en la mesa, estaban

[51] "Pesadillas", Julio Cortázar, *Deshoras* (México: Editorial Nueva Imagen, 1983). En este cuento el lector sigue con ansiedad el extraño proceso comatoso de una muchacha y comparte con la familia el deseo de curarla de una reiterada pesadilla. El elemento político entra literalmente por la puerta en el instante mismo en el cual Mecha parece recuperarse. El final del cuento sugiere que, acaso, su pesadilla comatosa había sido profética.

diciéndole otra cosa a Diana, le estaban mostrando un abandono que iba más allá del ensimismamiento o la modorra. Esa mujer estaba muerta. . .[52] (pp. 29-30).

Sin querer, la Diana de "Fin de etapa", en *Deshoras,* va a una exposición de arte cuyas salas la atan a la contemplación de los cuadros, aun cuando decide salir sin ver el último sólo para descubrirlo por primera vez pero, sin embargo, ya familiarizada con él —como un regreso— en la calle. Cuando lo ve en la galería, lo reconoce.

Estas repeticiones conllevan un grito. Diana está muy lejos del horror de Noemí; su visión del cuadro es constatación de la homogeneidad que lo fantástico hace posible, la aceptación de que no hay líneas de demarcación aun para aquellos sucesos que, por ser cotidianos, parecen predictibles. Lucio no es visto con la óptica de quien reconoce a las ménades en las chicas de la banda aun cuando parezca implicarlo por su comportamiento. . . Estas figuras son elementos en una larga galería donde violencia, historia y erotismo suelen detenerse para delinear el cuerpo de alguna mujer. El grito de horror frente a la violencia inevitable parece coincidir con el espectáculo de estas mujeres cuyas pasiones nombran al amor y la muerte.

Con metódica concentración Felisberto Hernández pensó que para entender el papel de lo femenino en la memoria sería necesario inventar historias que pudieran posar como recuerdos a través de muñecas. Los maniquíes de *Las Hortensias* proponen un universo donde lo inanimado —las muñecas— se ríen del control que su dueño parece querer ejercer sobre ellas. La mujer muerta del cuadro visto por Diana es una actriz en ese teatro montado por Felisberto Hernández; la convicción de su silencio es el punto final de una aventura destinada a no conocer sus propios límites.

Una gran desconfianza por las fuentes del placer en la mirada alimenta la literatura de Cortázar. En textos como los recorridos en estas páginas, el fantasma de la "condesa sangrienta" evoca el punto límite de una reflexión que también incluye, en otro de sus niveles, el papel del exiliado real, la validez de su acto, los borrosos territorios que lo separan de aquello sobre lo cual quisiera informar.

Mujeres del pasado, como las ménades, la condesa sangrienta, la evocada por el mito de Circe; mujeres de un presente frágil que se alejan con la tentativa de vivirlo, como la Maga y Hélène; mujeres hipotéticas como aquella que acaso se espía en una autotortura en *La Cosmopista de los Autonautas*; una mujer muerta, otra asesina de su propio torturador.

La división sexual en la obra de Cortázar sugiere un camino por el cual lo fantástico se interna para señalar los meandros culpables de la pasión. Las figuras femeninas se organizan en un caleidoscopio inquietante sucediéndose en un registro que va de las furias al silencio del cadáver cuya presencia, no obstante, tiñe todo el cuadro.

[52] "Fin de etapa" en *Deshoras*. La paginación se hace teniendo en cuenta la edición ya citada.

¿En qué zona discurren y hacia dónde van después de los desplazamientos que las muestran como espectadoras y espectáculo? Intuimos que en última instancia su teatro tiene la elocuencia de una alteridad de la cual se desconfía, atractiva en la profundidad de los abismos abiertos por su complicidad.

EL PAISAJE DE LA APATIA

> *. . . la sigue con la mirada, mientras silenciosa y rápida enciende las primeras lámparas. Es igual que su nombre: pálida, aguda y un poco salvaje —piensa de pronto. Pero ¿qué tiene de extraño? ¡Ya comprendo! —reflexiona— mientras ella se desliza hacia la puerta y desaparece. —Unos pies demasiado pequeños. Es raro que pueda sostener un cuerpo tan largo sobre esos pies tan pequeños.*[53]

Más allá de la acaso inevitable reflexión acerca de la contemporaneidad de su escritura, injustamente marginada durante varios años, la obra de María Luisa Bombal ofrece al lector una serie de interrogantes que le son idiosincráticos. Su elaboración delinea enigmas sobre el deseo, la sexualidad femenina y la inteligencia peculiar de ciertos sucesos, demasiado secretos para convertirse en parte de una historia. Los textos de Bombal enhebran difícilmente aquello que podríamos querer llamar anécdota para situarlos en alguna variante del género narrativo. Por el contrario, son meandros que *alejan* de la inminencia anecdótica, difieren prolijamente la centralidad de avatares cotidianos sin borrarlos, manteniéndolos en una suerte de virtualidad irrealizada. En cierto modo, entonces, la narrativa de Bombal se enfrenta a la extraña tarea de inventar una fuente de energía para sí que sea diferente de la que atrae inicialmente al lector y le insta a abrir y transcurrir por las páginas del libro. Trabajar a contracorriente de aquello que el lector espera significa también que la lectura resultante está formada por elementos de *resistencia* al texto, productos de la carencia de seducción que acompaña tan frecuentemente a las innovaciones literarias que cuestionan implícitamente el carácter representativo del lenguaje que las compone. En estas páginas se entretejen conjeturas a partir del doble carácter de esa escritura: aparente falta de mecanismos de seducción que enmascaren la convención literaria por un lado y minuciosa construcción de un andamiaje de ficción hecho de meandros por otro.

[53] La paginación se hace de acuerdo con la siguiente edición: María Luisa Bombal, *La última niebla*. Buenos Aires: Editorial Andina, 1973.

Las palabras de "Las Islas Nuevas" que sirven de epígrafe a este trabajo proponen a propósito de un personaje particular una situación ubicua en la obra de Bombal: la incapacidad de definir nítidamente cómo es una mujer. La desarmonía entre los pies y el resto del cuerpo de Yolanda es en este relato una manera de justificar las dificultades que su apariencia impone a quien la observa. Sin embargo, la relación entre su nombre y su cuerpo revela la necesidad de un acoplamiento que no precisa justificación alguna. ¿Por qué mecanismo se conectan el nombre y el físico resolviendo, a otro nivel, la incomodidad de esos pies "tan pequeños"? El término que une el nombre de Yolanda a su cuerpo está dado en la forma de una hipótesis que la liga a la naturaleza. Se nos dice que es "igual" a su nombre: pálida, aguda y un poco salvaje. . .". Yolanda, idéntica a su nombre, tiene una identidad más allá o más acá de la humanidad, un nombre que la acerca al salvajismo, a una naturaleza aún no conquistada. Gracias a su nombre, el desconocimiento de su persona adquiere el misterio de un elemento natural. Así, la pregunta acerca de la desarmonía del tamaño de los pies se yuxtapone a una visión esencialista de lo cifrado en el nombre.

No son sólo quienes al querer llamar a Yolanda invocan simultáneamente —por necesidad conceptual— los enigmas de su salvajismo, los únicos que encuentran difícil reconocer identidades femeninas. En "El Arbol" el lector encuentra a un personaje de dudosa inteligencia, Brígida, cuyo padre, cansado de la tarea de educar a sus cinco hijas mayores, la deja librada a su propia suerte. Brígida es, de este modo, la realización práctica de un *semisalvajismo* tal como podría interpretarse a partir de las reflexiones suscitadas por el nombre de Yolanda y su cuerpo. Su belleza es elocuentemente delineada en el relato, así como su capacidad para dejarse llevar por la música hacia una elaboración imaginaria de asociaciones libres. Brígida es interrogante para quienes en el relato son representados como "normales": "Sus dieciocho años, sus trenzas castañas que desatadas le llegaban hasta los tobillos, su tez dorada, sus ojos oscuros tan abiertos y como interrogantes. Una pequeña boca de labios carnosos, una sonrisa dulce y el cuerpo más liviano y gracioso del mundo. ¿En qué pensaba sentada al borde de la fuente? En nada. 'Es tan tonta como linda' decían" (p. 110). La verdad de Brígida es su inocencia sugerida como falta de inteligencia o simplemente de educación. El texto deja abierto el problema del origen "histórico" de su circunstancia al mismo tiempo que describe minuciosamente la excelencia de aquella "nada" en la cual ella está enfrascada en su pensamiento. Es la música y la naturaleza. La relación con la música es pasiva: dejarse llevar. Su relación con la naturaleza es menos fácil de delimitar. Brígida *es* naturaleza en el sentido de no haber sido educada; su marido, Luis, le explica que se ha casado con ella por sus "ojos de venadito asustado" (p. 112); el imperfecto matrimonio es descripto por la noche en términos vegetales y climáticos: "él se apartaba de ella para dormir, y ella inconscientemente, durante la noche entera, perseguía el hombro de su marido, buscaba su aliento, trataba de vivir bajo su aliento, como una planta encerrada y sedienta que alarga sus ramas en busca de un clima propicio..." (p. 113). La energía erótica de Brígida es descripta como voluntad de crecimiento vegetal, su ser amada como mujer es, literalmente, ser percibida como un animal *asustado*. El relato describe la vulnerabilidad del semisalvajismo de Brígida de modo casi caricaturesco. Hay, inicialmente, el padre que rehusa educarla, el marido viejo que no logra satisfacerla, los que la rodean, presencias anónimas de compromiso con una normalidad amenazadora y extranjera. El cuento tiene un final feliz cuya resolución gira productivamente alrededor de lo natural. En un pasaje donde la evocación de un concierto se entremezcla con el derribamiento de un árbol que crecía al lado de la ventana de Brígida y cuya fuerza, ayudada del viento, hacía posible una comunicación vital entre ambos, Brígida se *reconoce*. El misterio del cuento es hora redefinido. No son solamente los lectores o aquellos personajes caracterizados como "normales" quienes desconocen a Brígida. Es ella misma, quien olvidada hasta ese momento de su propia identidad, accede a comprenderse a través del derribamiento del árbol. La comprensión no es analítica sino súbita y confirma la unidad entre Brígida y la naturaleza. Así como el árbol cae de un solo hachazo, su vida se le hace presente en un acto súbito de iluminación: "...aprisionada en las redes de su pasado, no puede salir de su cuarto de vestir. De su cuarto de vestir invadido por una luz blanca aterradora. Era como si le hubieran arrancado el techo de cuajo; una luz cruda entraba por todos lados, se le metía por los poros, la quemaba de frío. Y todo lo veía a la luz de esa fría luz: Luis, su cara arrugada, sus manos que surcan gruesas venas desteñidas, y las cretonas de colores chillones..." (p. 126). La razón que precipita directamente este reconocimiento es la ausencia del gomero. Es como si su pareja con Luis hubiera dependido siempre de otra pareja más esencial: la de Brígida con el gomero cuya estabilidad preservaba para Brígida el engaño que hacía posible su vida con Luis. ¿Pero a qué clase de engaño nos referimos? ¿Cuál es la inteligencia privilegiada que surge de la desaparición del gomero? Brígida no *explica* su relación con Luis sino que la *ve*. La visión tiene poco que ver con los hechos de su historia como matrimonio. Por el contrario, deja de lado esos hechos para presentar solamente la vejez de Luis, los detalles de su cuerpo. El cuarto de la casa compartida con Luis, el refugio, aparece también en su *fealdad*. Las descripciones tienden a presentar el cambio de Brígida como un vuelco sorpresivo en su evaluación de la energía física y estética que movía su existencia. La autocomprensión de Brígida es, así, capacidad de contemplarse como habiendo sido incomprensible. La fealdad de los componentes de su vida trivilizan su pasado y, por contraste, figuran un final feliz al ofrecer la hipótesis de un cambio.

El lector no sabe en qué consistirá el cambio de Brígida, pero el relato ha logrado producir una figura para su "extrañeza" inicial. Si bien su personaje permanece sin explicación discursiva, al cambiar y volverse contra quien había sido, se asimila al lector y comparte su perplejidad.

Brígida y Yolanda son momentos de una tarea de aproximación de la femineidad a la naturaleza que circulan intermitentemente en la obra de Bombal. No se trata de una metafísica del "eterno femenino" que pretende explicar, por la hipótesis natural, una especificidad que cubriría de manera homogeneizante a todas las mujeres. Es por el contrario, una notación de detalles que diseminan a ciertos personajes femeninos en contrapartes naturales que sirven de vehículo para una heterogeneidad de encarnaciones. No es suficiente la hipótesis de la naturaleza para explicar la *extrañeza* con que se recibe la presencia de estos personajes; una vez que la hipótesis es anotada, no obstante, el elusivo carácter de una primera lectura se torna en complicidad entre lector y personaje.

DESEO Y ANECDOTA

> *Mi cuerpo y mis besos no pudieron hacerlo temblar pero lo hicieron, como antes, pensar en otro cuerpo y en otros labios. Como hace años, lo volví a ver tratando furiosamente de acariciar y desear mi carne y encontrando siempre el recuerdo de la muerta entre él y yo. Al abandonarse sobre mi pecho, su mejilla, inconscientemente, buscaba la tersura y los contornos de otro pecho. Besó mis manos, me besó toda, extrañando tibiezas, perfumes y asperezas familiares. Y lloró locamente, llamándola, gritándome al oído cosas absurdas que iban dirigidas a ella (p. 75).*

La novela *La última niebla* tiene como personajes a los miembros de una pareja en apariencia tan desarmónica como la de "El árbol". Son primos que se han casado después de que uno de ellos ha perdido a su primera mujer. La narradora, segunda mujer, describe los encuentros eróticos con su marido como exploraciones por los cuales él busca eliminar la muerte pasada. La pasión que lo une a ella es fidelidad a una energía suscitada por un cuerpo ausente; hacer el amor —desde el punto de vista de la narradora— es participar como *otra*, dar su cuerpo para que de ella surja la mujer inasible; estar allí en el momento del acto sexual es testimoniar su propia ausencia, vaciarse de identidad, dejarse invadir por el deseo de su marido quien al mismo tiempo que la posee, la rechaza. Esta pasión es intensamente nostálgica. Por ella se reactiva una pérdida, se desvaloriza el presente y se borran las identidades. La cama donde hacen el amor es un teatro donde la narradora accede a la figuración de su cuerpo como otro-cuerpo; al ser mujer de su marido es *otra* mujer. Pero ella también está animada de una energía erótica con un objeto fuera de su pareja matrimonial. Al hacer el amor, siente que traiciona a un amante con quien ha estado en una situación privilegiadamente intensa en un momento que ella caracteriza como representativo de su más intensa y auténtica pasión.

Una noche, la narradora decide salir a caminar. Esto sorprende a su marido quien le recuerda que nunca ha salido sola a tales horas. Como esas habían sido las circunstancias que llevaron a su encuentro erótico con el amante de sus sueños, ella insiste en que ha habido una noche en que realizó esa caminata en el pasado. Daniel, su marido, niega que haya sucedido: "Daniel me mira fijamente un segundo, luego me interroga con sorna: —¿Y en tu paseo encontraste gente aquella noche? —A un hombre— respondo provocante. —¿Te habló? —Sí— —¿Recuerdas su voz?

"¿Su voz? ¿Cómo era su voz? No la recuerdo. ¿Por qué no la recuerdo? Palidezco y me siento palidecer. Su voz no la recuerdo. . . porque no la conozco. Repaso cada minuto de aquella noche extraordinaria. He mentido a Daniel. No es verdad que aquel hombre me haya hablado. —¿No te habló? Ya ves, era un fantasma. . ." (p. 82).

La humillación que resulta de la falta de identidad propia en su contacto sexual con su marido, se intensifica con la duda acerca de la existencia real del amante. La insatisfacción matrimonial de la narradora tiene como fuente el contraste con esa experiencia única y básica por la cual ella define la excelencia de su placer. Un testigo, Andrés, que podría haber confirmado el paseo y el encuentro muere antes de que ella pueda encontrar confirmación de su anécdota. Librada así, a la incertidumbre, la narradora padece un doble dolor. Por la gravitación del amante, ella lograba acercarse más a su marido. Su placer dislocado de la fuente que podría producirlo, se convertía en experiencia de segundo grado, dependiente de un punto nostálgico. Su deseo de otro al estar con su marido la ponía en la situación de su marido cuando evocaba a su primera mujer tomando el cuerpo de la narradora como vehículo. La posible inexistencia de la experiencia, quita peso a la prolija identificación con el marido que constituye el punto de apoyo más nítido del matrimonio. El dolor desgaja a la narradora del placer repetitivo de sus identificaciones; se ha perdido como amante de su amante y nunca ha existido "original" como mujer de su esposo.

Cabe preguntarse sobre la calidad de su experiencia original, independientemente de la realidad o fantasía de su acaecimiento. En otras palabras: ¿Qué clase de sujeto es la narradora en su experiencia básica? ¿Hasta qué punto está en ella libre de la cadena de proliferaciones que la escinden de una identidad unívoca? El encuentro con el hombre se realiza en un contexto anonimizante. El lector tiene acceso a él por medio del relato retrospectivo en lo que respecta a las consecuencias que el hecho tiene en el recuerdo, pero hay también, al comienzo de la novela, un largo pasaje en tiempo presente donde se cuentan los detalles del encuentro. Por ese relato se sabe que hubo una caminata nocturna, un pacto sin palabras con un desconocido que lleva la narradora a una casa donde hacen el amor sin hablarse. El acto sexual es descripto en términos de integración a una naturaleza más amplia: "...entonces él se inclina sobre mí y rodamos enlazados al hueco del lecho. Su cuerpo me cubre como una grande ola hirviente, me acaricia, me quema, me penetra, me envuelve, me arrastra desfallecida..." (p. 60). En su placer, la narradora ha sido *nadie*. Sin nombre para su amante, olvida también su propio cuerpo para perderse en la corriente de una sexualidad que la envuelve más allá de la especificidad del hombre. Es llevada como por una ola. Así, estar con el hombre en esa experiencia que signa todas las demás es haber estado en la vecindad del olvido. El presente de ese acto, es, desde el mismo comienzo, inminencia de interrogación sobre su haber sucedido. El mejor amante para la narradora es quien logra hacerle olvidar quién es. Su ser sujeto en el acto sexual es haber alcanzado un momento de privilegio donde se siente arrastrada fuera de su identidad, hacia un terreno que ella desconoce. La protagonista narradora de *La última niebla*, como Brígida en relación a la música, añora ser llevada, dejar de ser quién es. El hilo narrativo de *La última niebla* es frágilmente llevado por una protagonista que al mismo tiempo que se sugiere como demasiado plena de energía para su esposo, nombra la energía que la une a su amante como un modo especial de pasividad.

La narradora no sólo desconoce el nombre de su amante sino que tambien tiene nostalgia por el momento en el cual ella misma ha perdido el suyo, en su unión. Otros dos hombres obran de sostén para la confirmación de aquello que ha pasado. Uno es su marido, quien duda de su paseo nocturno y la humilla con su seguridad de que recuerda a un fantasma. El otro es un testigo cuya muerte silencia toda respuesta. Abandonada ante la necesidad de confirmar la historicidad del hecho, el suicidio de una amiga da a la narradora la oportunidad de dar el salto que separa la evocación imaginaria de la experiencia real. Una visita al hospital urbano le permite tratar de recorrer las mismas calles, buscar la casa donde tuvo lugar el encuentro. La búsqueda es infructuosa, lleva primero a un malentendido y después a otra experiencia de pérdida del yo: ..."Con la vaga esperanza de haberme equivocado de calle, de casa, continúo errando por una ciudad fantasma. Doy vueltas y más vueltas. Quisiera seguir buscando pero ya ha anochecido y no distingo nada. Además ¿para qué luchar? Era mi destino. La casa, y mi amor, y mi aventura, todo se ha desvanecido en la niebla, algo así como una garra ardiente me toma, de pronto, por la nuca; recuerdo que tengo fiebre" (pp. 98-99). La comprensión de su destino toma la forma de impedir la continuación de la nostalgia. El cambio, otra vez (como en "El árbol"), es súbito. No hay un trabajo analítico con los datos de la experiencia. Simplemente, el lector debe aceptar que esta caminante cancela la caminata hipotética y que, nuevamente, debido a una fuerza fuera del control de la narradora, ella penetrará una nueva realidad. No es la energía erótica la que la impulsa a abandonar el deseo de re-encontrar el escenario original de su amor, es la fiebre.

La revaloración del texto a partir de la anécdota, el interrogante sobre si ocurrió o no ocurrió lo añorado, es imposible. La narradora fracasa en la empresa de definirse como sujeto de experiencia y deja como cifra de su historia personal el desdibujado itinerario de un deseo permanentemente fijado en la nostalgia.

LA MUJER MUERTA

Una mujer muerta puede convertirse en dato narrativo fijo. Eliminadas las contingencias temporales de lo cotidiano, la muerte es productora de figuras, fuente de signos con una nitidez exenta de accidentes históricos. La muerte voluntaria da a un personaje femenino una fuerza que milita en contra de la pasividad mediocrizante con que se define la vida en la obra de Bombal. En *La última niebla,* la narradora describe su reacción cuando visita el hospital donde yace su amiga Regina que ha intentado suicidarse: "Tras el gesto de Regina hay un sentimiento intenso, toda una vida de pasión. Tan sólo un recuerdo mantiene mi vida, un recuerdo cuya llama debo alimentar día a día para que no se apague. Un recuerdo tan vago y tan lejano, que me parece casi una ficción. La desgracia de Regina: una llaga consecuencia de un amor, de un verdadero amor, de ese amor hecho de años, de cartas, de caricias, de rencores, de lágrimas, de engaños. Por primera vez me digo que soy desdichada, que he sido siempre, horrible y totalmente desdichada" (p. 93). La decisión de Regina suscita reflexiones cuyo impacto para la factura de *La última niebla* no puede ser dejado de lado. La relación de Regina con su amante tiene la materialidad fáctica que falta a la narradora. La documentación del tiempo compartido y el precipitado final fúnebre abren una veta por la cual la novela contempla las posibilidades que su narrativa no ha desarrollado. Regina viene de un mundo alternativo, donde los hechos llevan hacia decisiones, donde la energía que impulsa el pasaje del tiempo está hecha de una riqueza "real". Para el lector, esa riqueza tiene un nombre: el argumento novelístico tradicional. La muerte de Regina contemplada por la narradora es un modo de valorización de personajes novelísticos con peripecias reconocibles. Así, la "visita" de Regina, divide a la narrativa de sí misma e inaugura la fisura que permite entender diferencialmente el tono que anima al texto. El suicidio de Regina, a nivel de la anécdota, es pretexto para la continuación de la autoconmiseración que caracteriza el discurso de la narradora; a nivel estructural ofrece una fórmula para aquello que la novela ha abandonado para constituirse.

La vida de Regina sin su muerte carece de interés. Es por la muerte que su presencia adquiere peso, que su personaje se anima. Las mujeres muertas interfieren en la vida erótica de la narradora. Son mejores que ella. Regina y la primera mujer de su esposo configuran un sistema de referencias por el cual su humillación encuentra una medida. Por Regina, la narradora se da cuenta de que su relación con el hipotético amante puede no haber existido o, en todo caso, carece de la "realidad" de un verdadero amor. Por la primer mujer de su marido, su propio matrimonio la somete a una suerte de invisibilidad.

Las mujeres muertas controlan el sentido de las relaciones que la narradora construye con quienes la rodean. Su ser personaje femenino tiene como raíz querer ser *otra,* o ser obligada a la equivocación de quién es. La atracción por las muertas, el influjo que ejercen sobre ella, son modos de anotar el hueco de la representación y la concomitante voluntad de llenarlo con nombres, aventuras.

MANERAS DE HABLAR: SILENCIOS

En una escritura tan signada por la pasividad como la de Bombal, el silencio surge como efecto interpretativo general cuando —en una lectura de sentidos— nos interrogamos sobre qué han dicho los personajes. La falta de anécdota, el constante diferir de los hechos, la nostalgia que constituye los relatos crean una atmósfera detenida, un efecto de suspensión del lenguaje. La ilusión es poderosa; los personajes parecen carecer de voz. Como la narradora de *La última niebla* que se da cuenta de que su amante ideal no le ha hablado sólo cuando, mucho después del encuentro, su marido le pregunta por su voz, el lector de Bombal cierra la obra de esta escritora con la incapacidad de reproducir las voces de los personajes que lo han implicado en su ficción.

No obstante, hay diálogo en Bombal. Su uso del lenguaje cuando la narración se dirige explícitamente al lector es expresivo; hay abundantes signos de exclamación; la puntuación ayuda a la recepción de un ritmo ligero, casi coloquial. El diálogo no asegura que la interlocución se realiza en términos que llamaríamos corrientes: los personajes intercambian palabras que los *exponen* sin integrarlos en la textura narrativa; las aseveraciones para el lector tienen la función de destacar las dudas que la voz que narra tiene sobre sí misma. Este fracaso del lenguaje como interlocución tiene como logro el delineamiento de una alternativa para la literatura de peripecia, una narrativa donde en vez de aventura se dibuja un paisaje para la apatía de los personajes femeninos.

Los personajes masculinos en Bombal son vehículos para presentar una femineidad insatisfecha, en permanente relación asimétrica con amantes y maridos.[54] La idealidad que se presenta con signo positivo es la consecución

[54] Nuestras preocupaciones actuales casi inevitablemente plantean la pregunta de si estos aspectos de la obra de Bombal la vuelven feminista, y si están animados de una voluntad de protesta. Más allá de las posibles intenciones de la autora, creo que la obra de Bombal no tiene un sesgo político acusado. Sus textos plantean para sí mismos una productiva marginación de los procesos sociales parecida, en ese sentido, a la que encontramos en las atmósferas enrarecidas de Felisberto Hernández.

El desacomodo de las narradoras y personajes femeninos de Bombal es radical. Sus contextos son prolijamente estetizantes y aun cuando parezcan brindarse como imágenes de